# 一次管一生的教育

齐大辉｜著

天地出版社｜TIANDI PRESS

# 自序

时光似箭，日月如梭，转瞬我已到了退休年龄。六十年人生回头望，我从事家长教育、家庭文化、家校协同、家国同构的理论研究与实践工作已有二十多年，如今又推动、见证了于2022年开始实施的《中华人民共和国家庭教育促进法》。几年前，我相继出版了家教方面的图书《一次管一生的教育》《爱是一次共同的成长》《家庭公约案例集》等，现如今退休了，我开始进行学术总结。借本书修订再版之际，我希望将自己长期的教育思考、主要的理论观点、多年的科研实践、真实的心得体会与大家分享，并请批评指正。

"一次管一生的教育"本是我在课程里经常提到的一句话，后来我接受学生与朋友的建议，将课程主要内容扩写、整理成图书正式出版。书出版后广受读者好评，其中有不少读者是教育工作者。大家普遍反映本书读起来通俗易懂，用起来简单有效，谈起来轻松有趣。家长、教师、孩子及政工干部、社会工作者、志愿者都可应用本书独特的工程学原理、刑侦学原则、管理学工具，有效解决家庭沟通方面的矛盾、家校情绪管理等问题。

"一次管一生的教育"，首先指的是家长自我教育。别人经常问我，家长教育与家庭教育有什么不同吗？通俗地说，家庭教育研究的对象是孩子，家长教育研究的对象是家长。家长教育是家庭教育的根基与源头，是成人在成长中的成熟教育，其中包含人生成长中的"五个台阶"——如何做男孩女孩、男人女人、丈夫妻子、爸爸妈妈、爷爷奶奶。其次，家长教育还包括公民素质的"预备役"教育——关心下一代成长前，先要护航上一代，使之成熟。今天有些家长是知识多、常识少，存在成人不成熟的现象。家长是家庭的带头人、家教的实施者、家风的传承者，家长承担了家庭、家教、家风这三件事。因此，抓好家长教育一件事，就等于抓好家庭建设三件事，可谓一项非常"3+1"立德树人战略工程。俗话说"家不是讲理的地方"，这是因为大家习惯讲"私理"，各有各的理，痛而不通；如果大家习惯于讲"公理"，则彼此接受，通则不痛。家一定是讲理的地方，关键是要学习用公约讲公理，依法治国，按约持家，才能社会和谐。家长教育的意义在于从教育源头抓起。今天多一所家长学校，明天便少一座社会监狱；今天多一分家长教育投入，明天便少十分挽救青少年犯罪的社会成本。

教育是做出来的，而不是说出来的，正如《道德经》中的"处无为之事，行不言之教"所体现出的文化智慧。从微观上说，家庭教育是微积分工程，必须在一段时间内集中精力打"歼灭战"，用"重复的力量"强化养成好的习惯，一点一滴积累，为孩子的一生打下坚实的生理、心理、伦理"三理"基础。从宏观上说，家长教育是一项决定国家命运的战略工程，必须上下同欲，协同作战。今天的社会，关于如何做生意的教育很多，关于如何过日子的教育很少；大家聚会谈生意的多，家庭协作养孩子的少。夫妻不会过日子、父母不会养孩子、结婚不想生孩子，这已成为当代家庭的痛、现代社会的病。怎样过好日子？如何教好孩子？这是每个家庭共同的现实需求。

目前，社会教育资源越来越丰富，但家长在选择时越来越迷茫。我通过一系列的课题实践，找到了一条简而易达的协同实现路径，创立了一套立竿见影的"家庭公约"操作工具，取得了非常好的实验成果，获得了大量案例数据。我们必须修复中华传统的家庭公约精神文明，建立家庭公约集体学习型组织，形成现代孟母三迁、外来和尚、易子而教、百家饭菜等协同教育机制与社区人文环境，有效解决"个体户养孩子很累，集体性养孩子不累"的问题。

我们一向提倡家长要为真实的生活而学习。我在本书中写到的科学原理、公约方法、操作工具、案例分析，就是要借此为学习"导航"。学习科学原理，可让家人"唱同一首歌"，获得"认为"的统一；制定"家庭公约"，可让家人"做同一件事"，通过相同的公约满足不同的需求，达成需求交换的行为规范，从而促进家庭和谐。举个例子，学习"弹道原理"，就是要有效统一家长思想、规范家人行为、达成家庭目标。炮弹（孩子）、炮体（环境）、炮手（家长）是构成家庭能量场的"三要素"，家庭能量大小决定孩子射程的远近。通过家庭问题分析，集体讨论"弹道轨迹""炮弹落点""打靶环数"，使家庭每一个成员都认同"公理"，达成家长先改、孩子后变、家长好好学习、孩子天天向上的"家庭公约"共识。通过学习，明确家长的主体责任、家风的源头作用、家庭的生活质量、家校的协同教育问题等，形成人人都明白、家家都想学的社会氛围。

多年来，许多政府机关、实验社区、实验学校通过市民夜校、家长学校、读书会等形式，应用原理、工具、案例三结合的科普方式，运用"家庭公约""班级公约"开展家校协同教育，效果显著。公约协同机制是"民主集中制"在家庭生活、群众工作、社会治理方面的方法创新，能有效解决"家校政社"协同教育的矛盾冲突。制定"家庭公约"的"交通规则"，能有效提升各级家长的"驾驶水平"，有效促进家庭和睦、家校协同。

目前，我们的教育依然存在不少问题，比如，处于教育源头的家长成人"不成熟",决定教育效果的协同机制"不成形",影响成人成熟的家庭生活"不正常"。从国家教育层面来说,我国长期缺失家长教育,偏重"做事业"的生存教育,忽略"过日子"的生活教育,偏重教育硬件投入,轻视人才软件投入,导致成人不成熟的现状。另外,家校依旧偏重考分,部门条块分割难改,家校协同能力弱,社区协同教育模式缺乏理论指导。从社会服务层面来说,传统的家风、家教、家规、家训等文化基因已经基本丢失,现代的社工、社群、社区、社会等公约精神文明与学习型组织模式正处于摸索创新阶段。当人们遇到孩子没出息、邻里有矛盾、夫妻闹情绪等生活问题时,家庭教育指导服务与社会治理引导工作非常被动,基本跟不上社会发展需求。从家庭生活方式层面来说,家庭太偏重个体的"住同一套房,吃同一锅饭,睡同一张床"的物质生活,缺乏集体的"读同一本书,唱同一首歌,做同一件事"的精神生活。

不过,我们也不必太悲观。近几年来,伴随着"三注重"精神的贯彻落实、"双减"政策的落地、"三胎政策"的出台和《中华人民共和国家庭教育促进法》的实施,现代化的社会家庭教育行业正在兴起,一场前所未有的"家庭革命"与"家长教育"的大幕悄然拉开。中华五千年的优秀传统文化正在回归,中国百年的集体主义公约精神文明正在兴起。

家庭好,国家一定好;个人好,民族一定好;家长们一起好好学习，孩子们一定能天天向上。希望大家共同努力，为家校协同教育添砖加瓦，为家庭文明建设贡献一份力量。

齐大辉

2022年3月于北京朝阳区太阳宫

## 从学生教育到家长教育

### 误打误撞，跟孩子们打交道

1982年，我大学毕业，先后做过企业工程师、政府公务员、香港华润进出口公司经理、美国MBP律师行中国事务顾问等工作。从1999年开始，我算是进入了教育行业。当时，我从美国回来后与几个朋友筹建了"金桥工商学院"，也就是现在的首都经贸大学华侨学院，我担任学院的副院长。

我们学院的学生比较特殊，大部分学生想出国留学，其中有许多学生想去美国，但他们学习成绩一般，甚至不好，不过他们的家境都比较富裕。

一心想出国的这些学生，很多想法与家长不一致，因此一进学校就会出现很多问题：不愿接受学校的严格管理，自己学习又不努力，学习习惯也不好……这样的情况经常发生，家长、老师和学校之间很容易产生冲突，学生和老师之间也很容易产生冲突。这些冲突反馈到学校，我就要和老师协同解决。

2003年之前，我经常出面解决学生、家长、老师之间的这些问题。我发现大部分家长在孩子的教育问题上是不成熟的，而家长、学生和老师的思想与需求也存在很大的差异。这是一件非常令人头疼的事。这里面存在很多潜在的矛盾，只讲道理是没有效果的。教育不单单是讲道理，而是需要解决问题的。采用什么样的方法，能够让大家的思想统一、行为协调、目标一致呢？比如，关于要不要出国、要不要退学、什么时间出国，学生与家长、学生与老师之间的矛盾如何化解，等等。

后来，我发现家长的问题是主要问题。如何解决家长的问题呢？如果家长不配合学校，教育不协同，很多事情就很难解决。请家长、学生和老师一起来沟通，有时有效果，但大多数时候效果不好，而且大家都特别累。在和家长、学生谈话的过程中，我感到他们非常情绪化，而且有的家长特别偏执，校方和家长之间的沟通很困难。出于工作需要，我开始思考如何才能既省时间又能解决家长、学生、老师之间沟通的情绪化及目标公约化的问题。

有时与部分家长的沟通很困难，我就会动员一些朋友来帮助解决，有时让这些朋友的孩子们与家长进行互动来解决，只要能想到的办法，我基本都用过。后来我发现，就教育论教育死水一潭，只有跳出教育做教育才有出路。我在解决这些问题时往往用的不是教育学的方法，而是工程学、刑侦学、管理学的方法，比如杠杆原理、数学矩阵、刑侦证据等。这些方法真的很有用，取得了非常好的效果。

经过总结，我发现采用"非口语"方式和老师、家长、学生沟通效果最好。我先制作一个调查表格，然后就同一个问题问三方，即老师、家长、学生。这种非口语交流的方法，相当于刑侦学中的取证；再将三方的意见放到一起进行比较，这叫作对质。一个问题，三方说法往往都不一样，尤其在发生矛盾的时候，差异特别大，有时只是观点不同，有时则是某些人在撒谎。

我把这些问题做合并同类项整理，然后进行批注，再制作一个统计表格，找出其中的共性。这时，我发现家长之间有许多共性，学生之间也有许多共性，老师之间同样如此。发现规律之后，我便和大家进行公约协同沟通。我先在熟悉的家长、学生之间沟通，做实验，慢慢地找出了家长、孩子、老师三者之间矛盾的共性。

另外，我在解决问题时，会预先说明要对所有参与者的交流过程录音，有时还可能录像。这样不但可以完整记录事情的过程，还可以反思自己在沟通中的一些问题，比如我是不是把自己的喜好、观点强加给了家长和学生。我将这些信息进行整理后分析发现，如果用沟通去解决冲突，需要"时间延迟""空间分割""公约交换"（详细讲解见"第四章"）。这是重要的简而易达的沟通原则。

当有些家长、学生、老师前后的说法不一致时，我就拿出他们在两三个月之前的想法和意见，马上回放录音、录像，共同见证他们之前是怎么说的，现在是怎么说的，中间产生的误差又是怎么回事，需要他们给我一个解释与新约定。这种方法不但能特别高效地解决问题，还可以让大家的神经系统都紧张起来，有效避免情绪化，并认真对待自己的问题。

人是很容易自己骗自己的，人人都活在自己的"认为"中。这个"认为"都是主观的，没有"行为"证据，很难统一"认为"。前边的"认为"和后边的"认为"，刚说的"认为"和现在的"认为"，可能已经变成两回事了。学生的问题需要我们一起解决，而不能用自己的"认为"去说话。我们都可以表达，但一定要真实，有了不同意见，先不争对错，只找问题，之后再思考如何解决问题。我们找有效的方法，不找情绪化的途径。

对学生我采用倾听的方法，对家长和老师我采用对质的方法。这一整套的方法，实际上不是教育学的方法，而是刑侦学的方法。在经过"侦查""取证""对质"之后，大家的意见容易达成一致。后来无数次证明，这是一套非常实用且有效的方法。

我喜欢用工学、刑侦学的方法来解决问题，比较理性，也非常有规律性。我边实验边查阅相关资料，做了大量的记录。最后经总结，我发现很多问题源于家长。家长最根本的问题是缺乏常识、缺乏工具，不能为孩子提供一次管一生的精确教育。另外，家长总在嘴上说重视，但自己做起来并不重视，许多事只放在嘴上，不落实在行动上。

很多事情都可以从头再来，但孩子的教育不可以从头再来！孩子如同一部新的电脑，家长输入的"原始程序"对孩子的一生至关重要。

## 从学生教育到家长教育

"非典"时期，我被困在国内，哪里也去不了。我利用这难得的清闲，静下心来研究家长教育及家长问题，也经常就这些问题请教学院教育系的一些教授。通过与美国玛赫西管理大学的吉米·葛兰特教授交流，我才知道什么叫家长教育。

"非典"过后，我开始痴迷于家长教育的研究。为此，我专程去国外一些大学访问。我发现，家长教育在国外一些大学中是一个独立学科，当时我在国外搜集了很多相关资料。回到国内，我找了一些与此相关的老师来学院授课，但发现很难找到这方面的专家、学者。我请教了很多人，但他们也分不清家长教育和家庭教育，大多数人认为它们是一回事。

后来，我终于找来了与家长教育相关的专家，但发现专家在讲课的过程中只讲概念，可操作的方法非常少。于是我就自己看书，上网搜集国内的相关资料，但令人惊讶的是，国内在这方面的研究几乎是空白的。

当时，我就意识到这是一个很重要的事情，甚或是一种历史的使命，因为国内有关家长教育的专家、学者非常少，而且家长们又没有好的方法能用来教育孩子。我搜集了大量相关的图书，发现一些图书的可操作性非常差，多数都是"案例多、故事多、感悟多"，缺乏理性的原理和可操作的方法。自此之后，我把其他项目都停了下来，真正开始潜心研究家长教育，成了这方面的"专业户"。

研究最初，我接触的多是大学生，后来更多的是中小学生，以及幼儿园的学生和家长。在此期间，我积累了大量的案例，很多人邀请我去做讲座，也有许多朋友来找我交流。起初我按照自己的方法，和家长一起编剧本、演戏，给孩子设计"圈套"，让孩子往里"跳"，看孩子会不会往里跳、往里跳后能不能解决问题，如果不能解决问题，再进行调整。我绞尽脑汁想出各种各样的方法，并一一进行实验，发现一些方法还真能解决问题。这也是它一直吸引我进行研究的关键所在。

2004年，我与北京联合大学师范学院联合成立了中国家长教育研究所，我们共同承担了北京市社会科学界联合会"十五"课题——家长教育和谐社区。2004年至2009年，我们在北京市启动了"人文奥运朝阳和谐家庭教育工程"，在辽宁省启动了"辽宁省百万家长教育工程"，在银川市启动了"银川市和谐家庭教育工程"。北京市、鞍山市、大连市缘此由中华全国妇女联合会（简称"全国妇联"）认定，取得了"双合格"示范模式的成果。此外，我还为课题实验基地培养了全国第一批"家庭公约"的专业政工、社工、志工三工队伍。2009年，北京试验区获得了全国妇联与教育部给予的"全国家庭教育示范基地"荣誉、教育部给予的"全国优秀社区教育示范基地"荣誉。2015年，全国妇联对北京朝阳区的十年"和谐家庭"实验项目进行总结，《中国妇女报》发表了专题报道——"家庭公约成为最美家庭孵化器"。

　　我是学机械制造专业的，做事喜欢先设计说明书，然后做实验，做完实验再写实验报告。我一点点搞这个实验，后来越搞越深入。虽然经济一度拮据，但我觉得自己做的是一件非常有价值的事，研究家长教育需要实验数据的积累，于是我就咬牙继续往前走。

　　我们在全国选了很多试验区，南到海南岛，北至齐齐哈尔市，西达海拔四千多米的新疆喀什地区。要搞科研，就不能一心二用，很多实验区我们一做就是五年以上，比如，北京市朝阳区十年，山西省太原市八年，辽宁省大连市、河南省商丘市七年，宁夏回族自治区银川市五年。甚至连广东省广州市、珠海市、深圳市、中山市，我们都做了三年。我们在孩子的学校教育系统、成人的工作单位系统和生活社区系统进行了大量的试验和应用，并对推广平台、系列教材、操作工具不断进行试验和科研总结。

## 回顾与展望

这二十多年一路走来，我经历最多的是朋友们的不解。我年轻时的很多朋友，现在或在政府部门承担一定的领导工作，或在商界有很好的发展，在学术界的很多也是校长、教授。他们这些年来找我，有时是在各类会议上碰到，更多的时候是教育孩子有了很大困惑，又听说我干这行，就带着一家人来找我。聊完正事，他们一般都会悄悄地问我："大辉，你这些年就全力干这个？能挣到钱吗？好像没办法有快速发展的模式吧，要不要哥几个想想办法，推你一把？"我每次都谢过他们的好意，告诉他们我都这个年纪了，还是适合干教书育人的事，只是，这项工作的主要对象是家长，是一个个具体的活在"我认为"当中的家长。其中滋味，如人饮水，冷暖自知。这些年，我就是一个孩子又一个孩子、一个家长又一个家长地打交道，然后是一个个社区、一所所学校、一个个研究会。社会上的各类媒体也常来找我，如中央电视台、凤凰卫视以及人民日报社、父母必读杂志社，等等。借助这本书的修订，我回头看了看这段二十多年的历程，这对自己投身"家长教育"这个领域，既是总结，也是展望。

我们推行"家庭公约"近二十年，更深切地了解到，大部分家庭不开"家庭会议"，缺乏"家庭公约"，家庭犹如碰碰车场，表面热热闹闹，内心空空荡荡，行为碰碰撞撞，沟通不畅有苦难言，导致家庭成员情绪不好。家庭情绪走出家门便转化成社会情绪、学校情绪、公司情绪、社交情绪……家庭情绪管理成本影响社会情绪治理成本。

形成家文化与家长教育生态文明，就需要家规、家训、家风从家约落实，其中起主要作用的是家长自我教育。我们的"家庭公约"操作工具，可为家庭提供一系列可操作的方式、方法，从而帮助家庭成员一起入门，形成公约共识与知行合一。

我在教学中，建议家长们掌握好"先心情，后事情"的原则，比如孩子放学回家时，按照公约，家长应先问"今天高兴吗"，半小时后，再问"今天作业怎么样"。但绝大多数家长会做错，都是先问"今天作业做完了吗"。

其实，家长每一点改变，都不容易。很多家长存在的问题是来到课堂升温，回去就降温，三天打回"原形"。不过，我的理工科背景与实践经验又让我坚信，只要找到一系列的工具、方法可用于实操，并大量重复，就能有好的结果。这也是我过去一直埋头做实验、搞研究的动力，即用"工学思维解决社会问题"，有约定，有实践，有总结，每一位家长都可以进步。所以，我提倡的"家文化"，是从

"叠被子"开始，从孩子向家长问候"早上好，一天愉快"开始，或"晚上好，一天辛苦"结束，从改变日常沟通用语习惯开始。这并不难，但真正持之以恒去做却又不容易。我在书中将尽量用好记的"口头禅"总结一些办法，并帮助家长时时回顾。

我们做家长教育，要学会借用老祖宗的智慧，学习老百姓的语言，回归到基本常识层面。"孟母三迁"说的是家长要给孩子创造良好的环境和氛围，"易子而教"是家庭借外脑智慧，"外来和尚"是家庭借外力智慧，"百家饭菜"是家庭借外景智慧。借用这些古代智慧，孩子、家长可在一个有理性、有规矩、有约定的环境中沟通。要搞好家庭建设，做一个合格家长，先要坚持搞好家文化的"约法三章"。

我之所以强调，做家长的要掌握"一次管一生的教育"，就是因为我坚信，在孩子成长的关键期，作为一名家长，从必须学习的正确语言、行为规范、沟通习惯、行事准则，从一点一滴的"家庭公约"等做起，坚持下来必定有很大收获。

# 目录
C O N T E N T S

## 第一章 / 家长也需持证上岗

对于很多家长来说，孩子的教育问题重要但不紧要。更准确地说，家长都处于"口头上重要，但行动上不紧要"的状态。家长愿为孩子的学习付费，却不愿为自身的补习"买单"。有责任心的家长，不是等待而是行动；有智慧的家长，不是抱怨而是学习。

第四章 / **沟通不等于说话**

当一件事情发生后，家长一定不能做"冲锋枪"，对孩子进行无休止的指责，而是要做"发报机"，让时间延迟，并通过给孩子写字条或发短信等"非口语"交流的方式说出自己的想法。

第五章 / **家长会说话，孩子才"会听话"**

你可能不是天才，但可能是天才的父母。不少伟大人物的父母，他们自身的成就平平。你的孩子或许会有一个光辉无比的前程，那你该如何配合、辅助孩子，让孩子取得成功呢？

第六章 / **孩子叛逆的不是家长**

如果家长管教出现错误，而且没有认识到自己的错误，那么孩子将会一辈子受到这种错误管教的影响。如果孩子能认识到这个问题，那么他一定会反抗。

第七章 / **生活质量决定学习质量**

每个孩子都爱玩，玩是孩子天性和灵性的体现，玩得好的孩子学习也一定好，这其中的关键是家长的认知方向对，引导的方法正确。

# 第八章 / 爱是需要学习的

天下没有不是的父母，也没有不是的孩子。家长对孩子的爱是不容置疑的，但家长的爱能否被孩子接受且没有负担？"错爱"所产生的影响，可能会伴随孩子的一生。

第一章

# 家长
# 也需持证上岗

对于很多家长来说，孩子的教育问题重要但不紧要。更准确地说，家长都处于"口头上重要，但行动上不紧要"的状态。家长愿为孩子的学习付费，却不愿为自身的补习"买单"。有责任心的家长，不是等待而是行动；有智慧的家长，不是抱怨而是学习。

# "三无"家长

大部分家长都属于"三无"人员：其一，没有知识准备，无知；其二，没有科学方法，无法；其三，等孩子上了高中，就变成"无奈"了。

每天都有成千上万的年轻人走上为人父母的"家长"岗位，步入漫长的教子之路，他们的任务就是把一个个婴儿培养成独立、负责、能与人和谐相处并有生存能力的人。这是一项非常艰巨的任务。在这个世界上，没有哪件事情比做一个合格公民的父母更艰巨、更任重道远的了。

每个孩子都是一块璞玉，但并非所有的家长都是合格的工匠。如果用一个打趣的词语来形容我们的家长，大部分家长都属于"三无"人员：其一，没有知识储备，无知；其二，没有科学方法，无法；其三，等孩子上了高中，就变成"无奈"了。

如果问家长今天中午吃什么，他们马上就能说出许多饭馆和拿手菜的名字，但如果问他们教育的相关原理、原则等问题，却鲜有人知。

有一次，我去朋友老张家做客，正和老张聊天时，他十二岁的孩子峰峰从屋里走出来，说："爸，我跟刘小刚去玩啦！"

老张着急地问："刘小刚是谁呀？"

孩子说："告诉你也不知道！"

老张立刻就火了："你这孩子，怎么跟家长说话呢……"

孩子跟他争执了几句，夺门而出。

老张接着对我说："你看看这孩子，真是拿他没办法。我们现在一说话就争吵，我都管不了他了。老齐，你赶紧帮帮我！"

我安慰了老张几句后，告诉他："孩子的教育要注重'三个十年'。第一个十年，孩子的行为规范和习惯养成需要家长指导，孩子的生活需要家长全程监护，此时的孩子对家长是无条件服从。第二个十年，孩子具备了一定的独立性，处于转型期、青春期。教育此时的孩子如同放风筝，没有绳子或绳子太短，风筝是飞不上天的。绳子必须长度合适，风筝才可以在一定的限度内自由飘动，风筝才能放得又高又远。当孩子成长到第三个十年时，多数家长对待他们还像对待小孩子一样，事无巨细，包办代替，样样关心……有的家长甚至让孩子从小就要按自己设计的路线走——孩子想当设计师，家长坚持让孩子做公务员；孩子想做工程师，家长偏让孩子当医生……峰峰正处于成长的第二个十年，有了一定的独立性，你应该适当放手，不能再用第一个十年的方法来管孩子。"

之后我又出去，在操场上找到峰峰。

我俩坐在操场的看台上，慢慢聊起他朋友的情况，然后我问："峰峰，你知道爸爸为什么生气吗？"

他摇摇头："齐叔叔，我爸爸简直不可理喻。刘小刚就是刘小刚，我怎么解释？"

我语重心长地说："其实爸爸是关心你，才这样问你，他担心你与有不良习惯的孩子在一起会学坏。你可以这样跟爸爸说：第一，刘小刚是一个三好学生，这是告诉家长你的玩伴是一个什么样的人；第二，我们一起打篮球，这是告诉家长你去干什么；第三，我保证七点回来，这是跟家长做好约定，按时回家，让家长放心。"

峰峰听后会心地笑了："齐叔叔，我知道以后该怎么做了。"


确实，孩子不需要太多的指责，而是需要实际的帮助，但是家长帮助的手段和方法通常没有经过训练，家长的"无法"导致很多事情"好心没有得到好的结果"。对于孩子来说，他们是受害者。其实，家长也是受害者。

随着年龄的增长，孩子的很多行为习惯慢慢定型。一旦错过孩子最佳的"教育时节"，家长就会进入"无奈"的状态。

环顾四周，我们身边的"傍老族""啃老族"屡见不鲜。这些年轻人大多不求上进、害怕竞争、责任心缺失、勤俭意识淡薄，加之父母溺爱、就业压力大，导致从整体趋势看，年轻人的"离巢期"有延长的趋向。

此时，我们再想改变孩子，已经几乎不可能了。家长从无知、无法到无奈，形成了恶性链条。等孩子基本定型后，很多家长也将放弃教育，而"收拾残局"就成了社会的事了。可你知道收拾这个"残局"的"社会成本"有多高吗？目前我国还没有相关的统计数据。美国20世纪90年代的统计资料显示：如果一个家庭走出一个犯罪青少年，其一生要耗费的社会成本为二百万至二百五十万美元。

我们病了可以去医院，缺东西了可以去超市，但遇到家庭问题时我们能去哪儿？能找谁？能学些什么来加以补救？家庭教育出现了问题，我们既没有地方去，也没有人能问，更没有系统的教育知识可以学习。更何况，我们成人也未必能放下眼前的功名利禄真正地去学习。

对于很多家长来说，孩子的教育问题重要但不紧要。更准确地说，家长都处于"口头上重要，但行动上不紧要"的状态。家长愿为孩子的学习付费，却不愿为自身的补习"买单"。孩子不出问题就欢天喜地，一出问题便乌云蔽日，根源就是绝大多数家长都缺乏科学、完整的人生常识，缺少正确的教子观念、原理、方法和工具。家长要摆脱"三无"状态的煎熬，需要多读书、读好书、交高人、长见识，尽快开始"三自"运动——自醒、自救和自修，实现由"自然型"父母向"有效型"家长的转变。只有家长合格了，孩子才能合格。

有责任心的家长，不是等待而是行动；有智慧的家长，不是抱怨而是学习。

# 人生的五个台阶

---

我们要为社会提供一个良好的公民协同教育环境，就应从家长教育这个源头开始治理，让每个家庭都能走出"合格的公民"。

你有没有听过"这个人不是人，是畜生"的话？

想一想，他们的父母又是谁呢？

人都是从具体的家庭中走出来的。父母不成熟会导致孩子出现各种问题。

我把家长教育简单定义为"三成教育"，即成人在成长中的成熟教育。"成人"不仅仅指年龄，而且还指成为什么样的人。

我们希望通过教育使孩子成为家庭的骄傲、社会的良民、国家的栋梁，成为"人"，而不是社会的"异类"或者

"害虫"。

所以，我们要为社会提供一个良好的公民协同教育环境，就应从家长教育这个源头开始治理，让每个家庭都能走出"合格的公民"。

家长教育是成人在成长中的成熟教育，是家庭教育的基础、公民素质的源头、家校协同的支点。它是一个独立的综合性交叉应用学科，具有"五大知识体系"，并跨越"人生成长五个台阶"。

"成长"涉及人生成长过程中的"五个台阶"，即如何做男孩女孩、男人女人、丈夫妻子、爸爸妈妈、爷爷奶奶。

**第一个台阶：**如何做男孩女孩。这应该是在幼儿园三岁以前完成的童蒙养正教育及性别意识教育。家长在这一教育

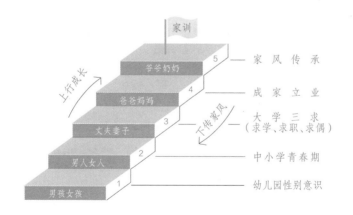

图 1.1　人生成长五个台阶

上的缺乏，在一定程度上导致了孩子的性别异化问题。

在全国各地举行讲座时，我仔细观察过，参加讲座的大多是女性，男性则寥寥无几。从这里可以看出一个问题：男性淡出家庭教育使全国儿童的性别异化问题非常严重，尤其是养育男孩子的家庭。

在每一个家庭里，爸爸所起的作用都是不容忽视的。和妈妈相比，爸爸身上勇敢、坚强、独立、自信、果断的个性更为鲜明。在教育孩子时，爸爸会起到示范作用，比如动作模仿，这是妈妈不能替代的。多项研究也证明：得到充分的父爱会使孩子更聪明，更有人格魅力。

父亲不是一个单纯的称呼，而是一个需要不断学习、陪伴孩子成长的雄性角色。现在很多爸爸在亲子教育中的角色发生了错位，他们认为照顾孩子是妈妈、爷爷、奶奶的责任。这种想法必须纠正。

今天我们如果不对家庭教育做实质性的思考，那么未来的男人可能会没有阳刚之气。

第二个台阶：如何做男人女人。青春期的教育应该是在小学高年级和初中阶段完成的"如何做男人女人"的教育，而大部分家长都不懂如何帮助孩子正确、安全、愉快地度过青春期。

做家庭教育二十多年来，我发现青春期孩子的教育问题是令家长最头疼的。这是因为，一方面，孩子们成长于新环境当中，通过手机、移动互联网所接触到的信息，其类型、内容之复杂远超家长的想象；另一方面，孩子们在这个时期渴望独立，喜欢冒险和自我表达，想法必然跟家长的想法大相径庭。如何让孩子安然度过青春期，这是每个家长都关心的问题。

我先简要地说两个原则：第一个原则是知己知彼。这一时期的孩子有一个共同的特征，就是都觉得家长不理解自己，有一种孤独的苦闷，于是渐渐不愿意跟家长说心里话了。可做家长的，如果对孩子的心理状态、真实想法没有知情的渠道，有了问题，就无法进行有针对性的沟通，隔阂也会日益加深。遇到这种情况，家长该怎么办？在西方人的生活中，有个角色颇受信任，那就是"教父"，除了父母，孩子往往会有一个无条件支持他，也能得到他无条件信任的人，这个人可能是老师，可能是亲戚长辈，也可能是父母的朋友。孩子不愿意跟父母说的，可能愿意跟"教父"说。家长要提前留意，在孩子心中，谁是这样一个人，然后跟这个人保持好联系，关键时刻，他可能是管大用的人。第二个原则是有意识地提醒自己，用三个"十年"来做个时间表，作为与孩子保持距离或者逐渐放手的依据。

第三个台阶：如何做丈夫妻子。这一教育应该在大学里完成，如何谈恋爱，如何选择人生配偶、为成家立业做准备，学会沟通，学会保护自己，减少压力与伤害……这应是大学生活中非常重要的一课。

我认为在大学阶段其实就三件事：求学、求职、求偶。

求学，每位学生都要认真完成学业，获得毕业证，这是最根本的。求职，在学校就要学会择业，做好人生职业规划，这样毕业以后才能少走弯路，从而立足于社会。求偶，是学生的必修课，谈恋爱就是在"练爱"，如何选择一个适合自己的配偶走完人生的旅途，是非常重要的。

第四个台阶：如何做爸爸妈妈。为人父母的教育应在结婚登记前进行，由国家民政部门提供义务教育，从而让天下父母都有准备地成为"有效型"家长，而不仅仅是"自然型"父母。

现在很多家长奉行"儿子穷养，女儿富养"的做法，这是否正确？我认为这种做法是没有道理的。快乐和痛苦都经历过了，人生才会有感悟。男孩需要得到高贵的教育；同时吃苦耐劳也是女孩需要具备的优良品质，如此女孩才不会越来越娇气。

第五个台阶：如何做爷爷奶奶。如何在今天成为合格的祖父母是现实而又令人头痛的问题。信息时代中的爷爷奶奶先学习，再带孙子孙女，效果一定会更好。

在中国，由爷爷奶奶带孩子的"隔代教育"已成一大国情。爷爷奶奶对孩子的影响力不亚于父母对孩子的影响力。现代社会中，很多孩子的一些不良习惯，就是由爷爷奶奶娇惯出来的。

这"五个台阶"都是人生的第一次，且不可逆转。在登上任何一个台阶之前，我们都需要提前学习，做好准备，只有这样才能在每个人生台阶上成长得更好。成人应该通过已走过的人生台阶总结家训、传承家风，进而正确而平稳地走向成熟。

我所说的"成熟"指的是成人应具备的"五大知识体系"，即家庭关系与动力、人生哲学与艺术、家人安全与健康、家政实务与管理、孩子成长与教育。这五大知识体系是成人处理好夫妻关系和各种社会关系的基础。

今天的家长对"孩子成长与教育"的重视程度远远大于前四大知识体系的总和。我们以桌子和杯子为例，家长是桌子，孩子相当于杯子，"孩子成长与教育"相当于桌面，其他四大知识体系相当于桌子的四条腿。杯子稳不稳取决于桌面平不平，而决定桌面平稳的是桌子的四条腿。

如果这四条腿不稳，我们就天天担心杯子会被摔碎。而你给这个杯子倒矿泉水还是啤酒，什么时候倒，倒多少，反

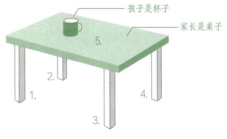

1. 家庭关系与动力
2. 人生哲学与艺术
3. 家人安全与健康
4. 家政实务与管理
5. 孩子成长与教育

孩子是杯子

家长是桌子

图 1.2　家长教育五大知识体系

映的是你的认知水平与教育艺术的差异。穷人家给孩子倒的多是矿泉水，孩子一看就知道自己有多高，非常清晰，然后孩子就会自己努力并产生动力。而有些家境优越的家长给孩子倒的多是啤酒，产生了很多泡沫，然而等泡沫沉下去，孩子的实际水量就那么一点点，等泡沫消散了，再想补都来不及。

因此，"五大知识体系"全面发展，是家长成熟、孩子成才、家庭和谐的必要条件和保障。

# 教育孩子不能想当然

没有经过家长教育，我们成人就会不成熟。不成熟的成人用自己想当然的办法教育孩子，就会出现"孩子不好做，家长不好当"的局面。

孩子来到这个世界，没有任何说明书，家长无从知道该怎样正确对待这个孩子。作为家长，创造一个孩子很容易，塑造一个孩子却不容易。很多人还没有做好养育孩子的知识准备，就匆匆忙忙当上了父母。

大家都知道，做任何职业都有岗前培训。做教师要有教师资格证，做医生要有执业医师资格证，做律师要有律师资格证，就连清洁工也有个岗前培训，可我们做父母的，接受岗前培训了吗？

没有知识准备，没有岗前培训，遇到问题就会慌乱与出错。

孩子有问题了，家长发现不了；发现不了问题，就是家长的问题。

发现孩子的问题了，但没有办法解决；没有办法解决，这也是家长的问题。

按照自己的想法处理了孩子的问题，可又处理错了，这又是谁的问题呢？

如果遇到实际问题时才发现还没有做好准备，那么我们为此所付出的人生代价将是十分高昂的。

古人常说"不打无准备之仗"，家长教育是公民素质的"预备役"教育。今天的家长都已经打过了"仗"，战果如何呢？成败自知。

在一次课程培训中，我把曾经接受采访时被问到的一个问题抛给家长学员们："有的人建议孩子放养，有的建议圈养，这两种方式你们怎么看呢？"

当时我告诉他们："你们尽管说出自己的观点，别把我当专家、教授，我现在是一个普通的旁观者。"

家长们各抒己见，众说纷纭。

"圈养重要，现在的孩子不管哪行呢？"

"放养重要，现在的孩子管得都没有自由了！"

"自由是建立在管教基础上的，所以还是圈养。"

"现在圈养出多少不能独立的问题孩子，还是应该放养。"

…………

在我看来，这是极简单的事情。这两种方式都有道理，只是各自所占的百分比不同，因时、因人而异。我小时候放过羊，牧民一般都知道：羊群白天要吃草觅食，所以白天要放养；晚上要圈养，不然会被狼和其他动物叼走。这是不同象限的互补问题。教育孩子也是同样的道理，在正确的时间采用正确的办法，如果我们把这两种方式对立起来，就是不对的。

没有经过家长教育，我们成人就会不成熟。不成熟的成人用自己想当然的办法教育孩子，就会出现"孩子不好做，家长不好当"的局面。目前，我们绝大多数家长都是"自然型"父母，而非经过"预先"培训的"教练型"家长，因此家庭教育的效果可想而知。

家长都想给自己孩子最好的教育。有的家长为孩子选择名牌学校，认为"好学校"就是"好教育"。虽然一时之盛的各类补习班，在国家的"双减"政策下很大程度上退出了孩子的生活，但家长们还是一味地将"高投资"与"好教育"画等号。那么，这里面就有很多值得思考之处。许多家长用高价的"游学活动"、夏令营、才艺训练、特长训练代替补习班，希望为孩子提供更多的教育资源。对此我有个建议，就是希望家长冷静地看待孩子成长的时空。这是什么意思呢？孩子所处的空间分为：学校、家庭、社会。做家长的，一定要系统地看待，孩子在学校就是以学习文化知识为主，家长要与老师配合好，支持老师的工作；孩子在社会，家长就要尽量让他们学习基本的社会规则、道德伦理，帮他们拓展见识，随着孩子年龄的增长加大其对社会事务的学习；孩子在家庭，家长就要做好示范，同时帮助孩子学习在真实的家庭关系中如何待人接物，与人相处，进而延展至社会当中。时间上，也是分跟家长在一起的时间和不在一起的时间。和孩子如何约定、如何沟通，对孩子如何逐渐放手等，这都是家长需要掌握的学问，也是家长成熟的标志。

在现有体制下，学校是不能把孩子培养成全面型的人才的，这就需要家庭教育来弥补。这是因为当今学校教育无法满足每个孩子对教育的个性化要求。一个班主任要带几十个学生，老师不可能关心到每一个孩子。另外，老师在师范院校主要学习的是如何传授知识。

孩子在学校里是学生，核心任务是学知识；在家里是孩子，核心任务是学做人。学会做人是一个孩子"成人"和"成才"的基础。

中国教育最大的问题是"做人教育"的缺失，而孩子最终走向社会、立足社会的核心素质是"德"。孩子的核心生活环境是家庭，因此"做人教育"需要家长来承担。"做人教育"的老师是家长，家长是核心。家长在家里教育孩子学会做人，这便是家庭教育。

教育要从"了解孩子"开始，教育方法无对错之分，只有是否适合之别。正如古人所说"有教无类，因材施教"，每个孩子都有其各自的先天特质和固有的人生轨迹，其个体特质是个性化且多重性的。孩子"先天的特质",需要家长来观察和了解;"后天的教育",需要家长去学习和努力。

家长都希望孩子有个好命运,这就需要家长学习教育的原理和方法,了解孩子独特的"三性"特点和规律,即天性、秉性和习性。

人的"天性"是先天形成的。人的"秉性"也是先天形成的,老百姓常说的"江山易改,禀性难移"所指的便是这一部分。人的"习性"则是后天养成的,也就是说,习性是每位家长此生能给予孩子的。

在"三性"中,天性和秉性构成了通常所说的命运的"命",习性则构成了命运的"运"。先天之"命"基本是定数,你很难去改变它,这是自然规律,不是迷信。但"运"是不同的,运是后天的养成,它是可变的,体现在孩子的习性教育上,也就是我们现在常说的素养教育。

习性教育的本质是家风的传承与环境的影响。孩子的习性一旦养成,是很难改变的。

孩子如同一部新的电脑,家长输入的"原始程序"对孩子的一生至关重要。如果家长能够为孩子提供"一次管一生"的精确教育,孩子经过反复正确的训练,形成大脑潜意识程序,那么就一定能成为优秀的人才。

# 夫妻关系一定要高于亲子关系

如果你认为"孩子比丈夫重要""孩子比妻子重要",那么你最好重新审视一下你的夫妻关系和家庭关系。因为你可能过于重视孩子,却忽略了爱人的感受。

在你的家里,谁在你心目中是第一位的?

大多数家长会毫不犹豫地回答:"孩子。"

还有些家长思考后回答:"父母。"

仅有少数家长三思后说:"配偶。"

其实,孩子不应该是你心目中的第一位。

2004年,我曾经对北京市朝阳区、西城区、东城区的35所学校10,000户家庭进行过调查。调查分0～6岁、7～12岁两组进行。统计结果显示:0～6岁孩子的家长认为孩子是第一位的占90%,认为父母是第一位的占3%,认为自己是第一位的占2%，认为配偶是第一位的占2%，认为无所谓的占3%；7～12岁孩子的家长认为孩子是第一位的占76%，认为父母是第一位的占14%，认为自己是第一位的占3%，认为配偶是第一位的占5%，认为无所谓的占2%。很明显，大多数人认为孩子是第一位的。

如果你认为"孩子比丈夫重要""孩子比妻子重要"，那么你最好重新审视一下你的夫妻关系和家庭关系。因为你可能过于重视孩子，却忽略了爱人的感受。

许多做母亲的只要孩子一出生，就把自己全部的心血都放在孩子身上，全心全意照顾孩子。母爱伟大，母爱无疆，母爱无私，母爱宽厚……用再多的词来形容母爱都是不够的，也都不夸张。但如果站在家风文化的角度来考虑，这样的妻子容易忽略丈夫的存在、过度宠爱孩子，这对家庭的和睦、对孩子的教育都非常不利。


有一次，在银川培训结束后，主办方让我单独辅导一位家长，她是某小学的校长。她跟我说："齐教授，我能把一个学校管理得很好，但就是在家与老公、婆婆的关系不融洽。他们娘俩无话不说，我在他们面前就像个外人。在家里唯一跟我交流的就是我四岁的儿子，你说我容易吗？他们怎么就不能理解我呢？你有这么多的方法，也教给我一个方法吧！"

我首先问她："在你的家里，谁在你心目中是第一位的？"

她直接回答："当然是我儿子，其次是父母。我和儿子、父母是有血缘关系的，跟老公、婆婆没有一点关系，他们对我也不好。"

很多找我帮助解决家庭问题的家长都想一招鲜地来学习，希望经过我的帮助，他们的家庭能够恢复和谐幸福，但这不可能。我告诉这位校长："短时间的知识学习是解决不了多少实际问题的。不要奢求有什么灵丹妙药可以帮助你。要想家庭幸福，你就要转变自己的观念，并在此基础上长期坚持正确的行为。孩子不应该占第一位，不应是你的最爱！你一定要明白，配偶才是应该放在第一位的人！"

她疑惑地看着我："老公第一位？"

我说："对，孩子不是陪伴我们一生的人，配偶才是陪伴一生的人！

"不管你多么爱子女，他们终究要离开你，去组建新的家庭，追求自己的幸福；不管你多么爱父母，随着时间的推移，他们都会渐渐老去，终究也会离开你。

"你想一想，夫妻二人是不是经济收入的创造者、家庭稳定的维护者、家庭气氛的缔造者、双方老人的赡养者、孩子成长的教育者？只有夫妻关系稳固，一个家庭才能正常运转。然而，夫妻关系又是脆弱的，是很容易变化的。大部分夫妻共同分享的时间越来越少，大家交流的方法又不是太合适，时间一长，就会导致家庭关系一团糟。夫妻应该相濡以沫，风雨中相互扶持，同舟共济。而想要长长久久，就必须小心呵护、加倍关爱对方。"

她不住地点头："我在家是过于注重孩子了，根源在于自己的观念。"

　　我接着分析："母子、父子关系的纽带是血缘，颠扑不破，亘古不变。夫妻之间是以聚合为目的的，而亲子关系是以分离为目的的。亲子关系血浓于水，但夫妻关系是情浓于血。因此，父母和孩子应该相'望'于江湖，互不干涉，相互祝福。

　　"爱人会和我们牵手一生，永远相伴。夫妻关系重于亲子关系，也重于孝敬老人。因为夫妻关系是家庭的基础，只有夫妻二人协调，孩子才能教育得好，老人才能孝敬得好，这是家庭和谐的基本保障与前提。

　　"对孩子的爱，最难割舍，但必须割舍。有句名言说'爱就是放手'，最适合亲子关系。所以，千万不要让孩子成为你的最爱，爱人才是陪伴你一生的人。同样，夫妻关系稳固，家庭气氛和谐，才更有可能成就孩子一生的幸福。我再告诉你一个经常在家长培训课堂上使用的"口诀"：

　　儿子口诀："爸爸才是妈妈最爱的人，我不是。"

　　女儿口诀："妈妈才是爸爸最爱的人，我不是。"

　　爸爸口诀："女儿，爸爸爱你，但妈妈才是爸爸最爱的人，因为她才是陪伴我一生的人。"

　　妈妈口诀："儿子，妈妈爱你，但爸爸才是妈妈最爱的人，因为他才是陪伴我一生的人。"

　　她惆怅的脸上终于露出了笑容："齐教授不愧是教育专

家，真是'听君一席话，胜读十年书'，我回家试试。"

经过这次谈话，她改变了自己的观念。在我的引导下，她每周召开家庭会议，还使用了"家庭公约"及特制的扑克牌、留言卡等工具。一段时间之后，她和家人能够平等交流了，家庭气氛也活跃了。

女校长不断地改变，最终换来了家人的有效沟通、家庭的和谐幸福。

# 孩子不应是汽车，而是新司机

在教育孩子时，家长和孩子应该是新、老司机的关系。家长应把自己当作老司机，把孩子当作新司机，把生活当作汽车。只有这样，家长才能真正和孩子平等相处。

老司机辅导新司机学开汽车和家长教育孩子，是不同领域中两件不同的事，但包含着同样的道理。

我们在驾驶汽车时，车是被动的，司机是主动的。车往哪儿开，在哪儿加油，到哪儿维修、保养，都是司机说了算。如果有人把你当汽车开，根本不关注你的意愿，你会怎样？

仔细想一想，你在教育孩子时，是否把自己当成司机、把孩子当成汽车了呢？

我们多数人把亲子关系处理成"司机"和"汽车"的关系。中国大部分家长都有这样的问题，家长作风严重，要求孩子完全听从自己。

　　然而汽车是没有感情、没有成长需要的机器，而孩子却是有思想、有未来、有灵魂、有愿望的人。人和机器怎么能相提并论呢？

　　不同的孩子来到这个世界肩负着不同的使命，有着不同的生活轨迹和不同的奋斗目标。作为家长，我们应该帮助孩子健康成长，使其尽快掌握完成使命所需的知识和技能。

　　父母不要把孩子当作实现自己梦想的工具。

　　孩子因父母而来，不是为父母而来。


　　很多人都有去驾驶学校学习的经历：在学车的过程中，常常是新司机驾驶着汽车，老司机在旁边指导。老司机并不会包办代替，因为新司机要自己驾驶才能学到技术、积累经验。老司机唯一控制的是脚下的刹车，但一般也不会去踩，除非在可能撞人或翻车的情况下。

　　在教育孩子时，家长和孩子应该是新、老司机的关系。家长应把自己当作老司机，把孩子当作新司机，把生活当作汽车。只有这样，家长才能真正和孩子平等相处。

　　家长应该让孩子自己驾驶汽车，让他决定往哪里走。家长可以在旁边指点，因为家长的人生路比孩子走得长，经验比孩子多。汽车应该是个载体，应该是生活的经历，转错了弯，再转回来就行。每个孩子都会犯错，每个孩子都会有不同的经历。让他自己去经历，他自己就会负责任。

如果新司机总是看着老司机驾车，那他永远没机会学会开车；如果家长总是事事包办，那孩子永远也不可能长大，也无法做到独立。家长要天天代替孩子去开车，那么家长一辈子都会很辛苦。老牛拉破车，不但速度慢，还会很费力。如，很多孩子大学毕业后，找不到工作；也有一些孩子不愿意做辛苦的工作，在家里啃老。家长辛辛苦苦抚养孩子，但不会"真爱"孩子，"真爱"是为了健康的"分离"。

我希望家长教育孩子能够像新老司机一样和谐相处，一个耐心地施教，一个切实理解对方的心情。家长应该放开手，让孩子独立承担责任。只有自己体验，孩子才能积累生活经验；只有自己来决定行驶路线和目的地，孩子才会努力前行。路走错了，绕回来，这是小挫折教育；车坏了，换一辆，这是大挫折教育。

新司机总有一天会独立驾驶出行，不断积累驾驶经验，最终成为老司机，甚至有可能比老司机还要棒；孩子同样如此，他总有一天会走出家门独立生活，成长，成熟，成才。

→ 孩子在学校里是学生，核心任务是学知识；在家里是孩子，核心任务是学做人。学会做人是一个孩子"成人"和"成才"的基础。

→ 如果家长能够为孩子提供"一次管一生"的精确教育，孩子经过反复正确的训练，形成大脑潜意识程序，那么就一定能成为优秀的人才。

→ 千万不要让孩子成为你的最爱，爱人才是陪伴你一生的人。同样，夫妻关系稳固，家庭气氛和谐，才更有可能成就孩子一生的幸福。

→ 我希望家长教育孩子能够像新老司机一样和谐相处，一个耐心地施教，一个切实理解对方的心情。家长应该放开手，让孩子独立承担责任。

第二章

# 做有效的家长

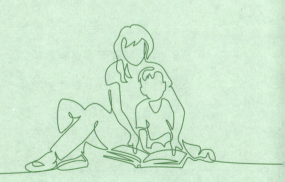

"要教育好孩子，就要不断提高教育技巧。要提高教育技巧，就需要家长付出努力，不断进修。"教育孩子不能单纯依赖学校教育，家庭教育才是根基，因为家庭教育影响孩子的人格和习惯，而这会伴随孩子一生。

# "成功"是"失败"之母

我们都很注重成功，但成功有时候是
毒药。为了成功，有些人可能不择手段，
会伤害家庭、危害社会。有些成功人士的
孩子一出生就生活在一个虚无的、不真实
的社会环境中。

我们都知道失败是成功之母，但鲜有人知道"成功"是
"失败"之母。

很多失败的教育，根源就是"成功"！

不少家长有过吃苦、受穷的经历，现在他们成功了，总
想把最好的给孩子，舍不得让孩子经受挫折和打击，而且
想尽办法为孩子的成长扫清一切障碍和险阻，让孩子从一
出生就自带优越感。

我们都很注重成功，但成功有时候是毒药。为了成功，
有些人可能不择手段，会伤害家庭、危害社会。有些成功人

士的孩子一出生就生活在一个虚无的、不真实的社会环境中。这部分家长不但让孩子看到了自己的成功，还纵容孩子以自己的成功作为资本来炫耀和挥霍。还有一些成功人士身边的人，他们对这些孩子的态度跟对其他孩子不一样，为的是从中获得利益交换，因此对孩子有一种特殊的关照和献媚，导致这些孩子变成了"小皇帝""小公主"。

有一次，在家业财富传承课结束后，一位学员诚恳地对我说："齐教授，我们家现在什么都好，唯一不让我们省心的就是我那孩子，现在我和爱人都得听他指挥，真是拿孩子一点儿办法都没有。我想邀请你去我们家做客，帮我管教一下孩子。"这位学员是银行领导，爱人是公司老总，家里有两辆车、两套别墅，家境非常好，外人都非常羡慕。

我按照约定的时间去了他们家，进门就听到孩子在大声嚷嚷。上楼一看，才知道孩子因为保姆给他拿错了鞋子，正在教训保姆："这么点事都办不了，你还能干什么，你就只能当个保姆。我的一块手表都能顶你一年的薪水，我的一顿晚饭足够你家一个月的生活费……"

现在有的孩子把自己当成个"人物"，倚仗家境好，就嚣张、傲慢，天天比吃、比穿、比车、比房……

我毫不客气地打断了他的话："你说这些有什么用？这些是你爸妈辛苦挣来的！家里有一分钱是你赚的吗？你告诉我哪一件物品是你挣的钱给爸爸妈妈买的？"孩子听

了立刻就老实了，赶紧拽他妈妈："妈妈，这个人是谁？"

妈妈跟他说了之后，他低声地说："齐教授，您好！"

我说："你刚才怎么说话呢？先跟阿姨道歉，她每天照顾你生活起居，你不但不感恩，还责骂……"孩子听了我的话后，向保姆道了歉。之后在我的教导下，他走上了正轨。

《老子》中说："合抱之木，生于毫末；九层之台，起于累土。"如果我们成人教子无方，让孩子把家长的成功当成自己的成就，那就是害了孩子。正如德国著名教育学家福禄贝尔所说："国家的命运，与其说是掌握在当权者手中，倒不如说是掌握在母亲的手中。"

我们不要让孩子把家长的成功错当成自己的资本，要避免家长的"成功"成为孩子"失败"的诱因。


今天，成功人士所面临的难题往往不再是前方的"事业征战"，而是来自后方的"家庭挑战"。那些在商场叱咤风云的企业家、享誉国际的明星，面对家庭后代的教育却常常束手无策。一些人一辈子的事业功名，往往经不住一次家庭事件的冲击，究其原因都是成人不成熟，没意识到这是由"成功是失败之母"的教育悖论所造成的。

目前，家长对孩子的培养普遍存在重智轻德的误区。多数家长最重视的是孩子的智力开发，这没什么不对，但问题是家长不要过于偏废在这一点上，而不注重德行的教育，这样做是培养不出好孩子的。

没有知识的人，可以用道德来弥补；但没有道德的人，是无法用知识来弥补的！一个家庭只注重智力与体力的发展，而不注重品德培养是非常危险的。

教育有两个伟大目的：它不仅要使人聪慧，更要使人高尚。聪慧而不道德的孩子往往危害更大，最终也将成为社会的弃儿。

我们的社会需要更多良好的公民，而非学识高却不正常的人。只要每位家长经营好家庭自留地，管理好自家儿女，保证自己家门走出的孩子都是合格的公民，我们的社会就会越来越好。

# 家长是炮手，孩子是炮弹

作为家长，一定要有教育的智慧。不管你做多大官，拥有多少财产，如果儿女教育失败，一切都将归于零。

中国有句古话："从小看大，三岁知老。"如果用科学的方法来解释，非常简单，那就是"弹道原理"。此原理能生动形象地说明家长、家庭和孩子之间的关系。

其实，我们都是父母抛出来的炮弹，炮手就是每个家长。家长的素养决定炮手的能力。炮体就是家庭环境。落点的设定即家长为孩子设定的人生目标。一个射程只有五千米的大炮，是无论如何也打不到七千米以外的目标的。

我们都知道电视剧《亮剑》中的李云龙，他在作战时的目标方向就很明确。他知道大山后面有敌军指挥部，但炮弹够不够得着，测算距离并不是他所擅长的，于是他把炮兵叫来，进行测量。炮手说："够不着，需向前50米。"于是他指挥部队向前推进五十米，用两发炮弹干掉了敌军指挥部。

我们来看图2.1，孩子是"炮弹"，家长是"炮手"，环境是"炮体"，决定"弹道"与"落点"的关键因素是炮手水平，其选择的方向、距离、角度三要素决定"弹落点"与"精确度"。因此，孩子的命运在某种程度上掌握在家长手中。

巴菲特是一位富有且有智慧的家长。他懂得环境对孩子的影响，善用环境来影响孩子的成长。在孩子们还小的时候，巴菲特把家安在平民区，天天穿着普通的衣服努力工作，自己也很少接受媒体采访。

十多年时间，他一直开着同一辆二手车。一到冬天，车子发动起来需要很长时间。他每天早晨紧张地出去工作，晚

家长素养决定孩子成就

图 2.1　弹道原理

上工作完便赶紧回家，陪孩子们聊天、玩耍。孩子们的母亲总让孩子去学习，而巴菲特却说让孩子们多玩一玩，多和孩子们聊聊天。在这样艰苦的环境中，孩子们养成了孝顺、善良、上进的好品质。

父亲努力地工作、艰辛地生活，孩子们看在眼里，记在心上。上初中时，孩子们就发誓："爸爸每天太辛苦了，我们一定要好好读书，考个好的大学，赚了第一笔钱要给爸爸买一辆新车。"直到孩子们上了大学以后，媒体才有机会对巴菲特进行各种报道，孩子们也才知道父亲是这般富有，而此时孩子们的人生轨迹（弹道）已经形成了。

而今，我们很多家长把孩子当作温室里的花朵，其实这对孩子的成长并不利。

作为家长，一定要有教育的智慧。不管你做多大官，拥有多少财产，如果儿女教育失败，一切都将归于零。

炮弹一出膛，落在哪儿？落点早已经定了，因为弹道已经定了。炮弹是一样的，都是孩子，不同的是炮手和炮体，家长是用加农炮、迫击炮还是榴弹炮，朝哪个方向打，测距准不准，从什么角度打……这些要素决定了落点。

今天，家长教育孩子时听不听孩子的声音呢？看不看孩子的表情呢？

家长如果不去判断，没有军事情报，没有统计规律，怎么能教育好孩子？

　　因此，家长要掌握科学的教育原理，把握好方向、距离、角度，学会沟通技巧，这样才会让孩子受用并有所成就。

# 让孩子学会"看脸色、知货色、扮角色"

---

我们现在的教育，要么把孩子捧上天，要么把孩子贬下地，根本不能让他好好地踏踏实实站在地球上。这是很多家长的通病。

生活就是一个调色板，调色的程度不一样，调出的颜色也就不一样。比如红色，可以调成鲜红、棕红、暗红等。这些颜色的定位与家长有很大的关系，因为孩子也需要"三色"教育。

中国式教育中，最为成功的品质塑造是谦虚和本分。具备这两个基本的品质，孩子对于社会而言就是一个有用的人。这两个品质基本表现在"三色教育"上，这就需要孩子学会"看脸色、知货色、扮角色"。

**第一，看脸色。**孩子要学会看别人脸色。过去讲吃百家饭的孩子有出息，现在大部分孩子生长在伪装的社会关系中，都不太会看大人脸色，而是大人看孩子脸色。这本身就是本末倒置。

家长要让孩子学会看脸色，就要把孩子放到陌生的环境中去锻炼，让孩子看清社会怎么对待自己。这样在外面一旦遇到事情，孩子就知道如何处理了。现在有的大学生上学还是家长送，有的家长还得找当地朋友帮忙照应。这种孩子的家长包办了太多事，他们永远被大人搀扶着走，而且越富裕的家庭，情况越糟糕。如果没有独立生存的能力，以后孩子如何成家立业？为什么有这么"懒"的媳妇？为什么有这么"差"的丈夫？其实都是从家长那儿拷贝出来的。因此，要让孩子学会看脸色，知道社会的真实形态。

**第二，知货色。**孩子要清楚自己到底处于什么位置，有多大本事。别自己只有半斤八两，非把自己当千金足两。过去打仗都讲究知己知彼，家长要让孩子知道自己的长短，学会扬长避短。

曾经有一阵流行赏识教育，核心观点是家庭要从教育的"功利心态"走向和谐、幸福。于是家长一窝蜂地对孩子竖大拇指，告诉孩子你真棒。比如孩子把一件事做得很好，家长会说"你真棒"。但什么叫真棒？在哪儿真棒？是在学校真棒，还是在全市真棒？孩子没有坐标，他一听真棒就容易沾沾自喜。

家长应该说"你很努力""你做到了"，这些是中性的表达。家长要会表扬，表扬应该是具有针对性的、具体的，如"谢谢你给我倒水""谢谢你给我开门"……

我们现在的教育，要么把孩子捧上天，要么把孩子贬下地，根本不能让他好好地踏踏实实站在地球上。这是很多家长的通病。这导致现在很多孩子不知道自己的真实位置。

什么是表扬？什么是鼓励？表扬是讲结果，孩子很棒，孩子很优秀，孩子很聪明。鼓励是讲过程，讲做事的状态，做事很努力、很用功。关于两者的区别，我们可以参看图2.2。我们都知道，眼睛的可视部位是眼球，眼白起的是辅助

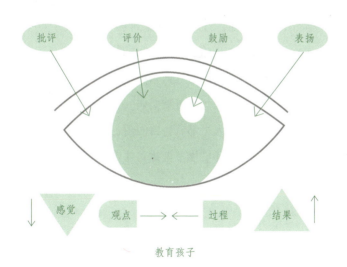

图 2.2　眼球原理

作用。眼球是中间多的部分,即评价、鼓励;眼白是两头少的部分,即批评、表扬。因此,我们教育孩子时要少表扬,多鼓励;少批评,多评价。

西方多数家长都懂得"眼球原理",一年中对孩子不会表扬或批评太多,但会经常鼓励和评价孩子。多用评价和鼓励的方式对待孩子,才是有效的激励和惩戒措施;而用批评和表扬的方式对待孩子,往往是无效的教育方式。

第三,扮角色。孩子要扮演好自己的角色。六年级的孩子想当老板,可行吗?显然很不现实。学生就应该把学习搞好,学习是主线,是本职工作。学生要知道生活中应该怎样,学习中应该怎样,与大人应该怎样相处。

你在单位或许是一位领导,或许是一位普通员工,但在家庭中,你的一生要扮演五大角色——男孩女孩、男人女人、丈夫妻子、爸爸妈妈、爷爷奶奶。这五大角色涉及人生五个成长阶段,每段人生都有各自的角色。我们每个人,只有从小接受过很好的环境模拟训练,才能扮演好自己一生的各种角色。

# 孩子逆反的不是父母，而是父母的权力

通常情况下，孩子都会怨恨父母干涉自己的生活。因为几乎所有人都不喜欢他人干涉自己的私人生活，孩子也不例外。

父母的权力从何而来？是什么部门授予父母权力的呢？

毫无疑问，没有任何部门授予父母权力，因为父母不是通过选举产生的。父母能够满足孩子的生活需求，这才是父母权力的主要来源，因为孩子需要父母。

家长常常利用自己的权力对孩子进行奖励和惩罚，从而控制孩子的行为，尽量让孩子去做自己认为"好"的事情。这与家里训练狗、实验室里训练老鼠、马戏团里训练熊的方法有何区别呢？

父母是权威者，孩子是被指使者；父母是明智的，孩子是无知的；父母"大"，孩子"小"。

你是否经常对孩子说："我是你爸，你就得听我的。""你爷爷就是这样教育我的，你敢不听？""让你做什么就做去，哪来的那么多理由？""帮我做家务，我就奖励你一元钱。""这次考试成绩前进五名，我就带你去玩。"

然而，父母的权力终归是有限的。

当孩子逐渐长大，他会意识到自己被父母的奖励与惩罚操纵，他会越来越"不听话"。尤其是进入青春期，孩子的自我意识逐渐增强，这就是家长常说的孩子开始有逆反心理的时期。实际上，孩子逆反的不是父母，而是父母的权力。通常情况下，孩子都会怨恨父母干涉自己的生活。因为几乎所有人都不喜欢他人干涉自己的私人生活，孩子也不例外。

我在一些学校做科研时，经常用同一个问题问不同的孩子。他们都非常喜欢我，因为我会给他们讲我小时候怎么调皮、怎么对付爸妈、怎么对付老师。他们说："齐教授，您的那些招儿现在都不灵了，现在是信息社会，我们的招儿比您强。"

我说："真的？那我拜你们为师！"其实很多孩子都是我的老师。

宽松的环境让他们争先恐后地说开了。初一的明明讲："我最讨厌家长看我的日记。我跟他们讲不要看，但他们还是会偷着看，后来我想了一个比较好的办法。"

我疑惑地问："哦，什么好办法？"

他说:"我现在写日记分A、B两个版本,A版写的主要是学习方面的东西,专门给父母看的;B版是我真实的日记,我都是藏起来!"

几个小伙伴在一起交流对付家长的办法,分享所谓的经验。大部分孩子都在搞串联,知道自己处于被动地位,就聚在一起想办法。而家长表面好像非常风光,自己掌握着权力,但没有"情报",其实整天都在瞎忙。

人生如戏,戏如人生,家长是导演,我们怎么去编剧本?有几个人是先编剧本后演戏的呢?下面来看一下这位家长是如何编剧本、演戏的。

山东的一位家长学员是农民出身,文化水平虽然低,但教育孩子非常有智慧。孩子上一年级时,放学回来做作业,就问她,妈妈这个题怎么做,那个题怎么做。她跟我说:"齐教授,一年级的题很简单,我想帮孩子一次,但想了想,我有点发愁。如果我帮他,他要是养成习惯了,那可就麻烦了。现在家长帮孩子做作业的不在少数,我文化水平低,他爸工作又忙,没时间陪他做作业。于是,我就想了一招儿。第一次他要我帮,我答应了,孩子特别高兴,而我却把他做对的题全给他做错了。

"第二天孩子哭着回来了,说妈妈你怎么那么笨,我们班就我一个人得零蛋。我说怎么会呢?我做得都对呀!孩子说:'都不对,得了零分,以后我不听你的了,我要自己做作业。'"

现在这个孩子已上三年级，在班里一直是前几名，做作业再也不找他妈妈，都是自己独立完成。这样演一次戏就有效解决了孩子独立做作业的问题，也是一次管一生的教育。

有很多家长跟我反映，孩子在小学时，学习非常好，怎么到了中学成绩就跟不上了？其实，孩子在幼儿园和小学阶段展现的学习能力是家长靠权力和逼迫换来的，不具备主观能动性。孩子在父母权力的重压下，会有不同的反应，大体表现为顺从、屈服、怨恨、撒谎、推脱、反击、反抗等。

一般情况下，孩子因为害怕被惩罚，就选择屈服，顺从父母的权力。孩子越小的时候，越会选择这种方法。可随着孩子慢慢长大，等到青春期时，他们就会选择反抗。

在父母权力的重压下，有些孩子就会被毁掉。当孩子无

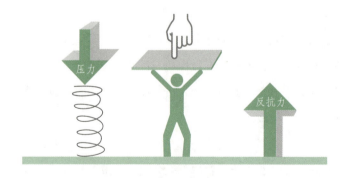

图 2.3　家长的"权力"运用

法容忍父母的权力，但又不敢反抗时，他们会选择躲进自己的世界里，缩进幻想之中。他们会做白日梦，或过多地看电视、玩游戏等，独自一个人玩，或者离家出走，更为严重的会患上忧郁症。

当孩子有了反抗能力的时候，选择反抗是最普遍的做法。当孩子的自由权利被父母侵犯时，孩子会不顾一切反抗父母。最让人担心的是，孩子会做出反击的行为——有些孩子开始与父母争吵，有意去伤害父母或者不理会父母。孩子会在心里想：你伤了我，我也要伤你。

父母的权力并不能真的"影响"孩子，它只会"强迫"孩子做出特定的行为。

我经过多年的研究实践发现，不依赖父母权力也可以解决问题。当与孩子有了冲突，家长最好让孩子先提出方案，不要拒绝任何方案，然后逐一列出，再与孩子一起评价所有方案，最后筛选出一个顾及双方利益的解决方案并执行。此时，双方都会主动接受这个方案，从而不需要家长利用权力去说服与监督孩子。

# 想改变孩子，父母就要先改变自己

我们想要看到美好的风景（别人的变化），就要有耐心，用自己的改变慢慢换取孩子的进步。

大多数家长都想改变孩子，却罕有家长想改变自己。

苏联的教育家苏霍姆林斯基指出："要教育好孩子，就要不断提高教育技巧。要提高教育技巧，就需要家长付出努力，不断进修。"

教育孩子不能单纯依赖学校教育，家庭教育才是根基，因为家庭教育影响孩子的人格和习惯，而这会伴随孩子一生。

要提高家庭教育的水平，不是家长改造孩子，而是家长要从自身做起，为孩子做出改变。没有成熟的家长，何来懂事的孩子？家长的言行习惯每时每刻都在影响着孩子，因此要想改变孩子，家长首先要改变自己的思维。

2005年，我们曾在北京望京实验学校开展"家长教育与和谐校园"的实验项目。在实验的过程中，我们听到了很多真实发生在我们学生家庭、教师家庭、学校教室里让人感动的故事。这里我节选了一位公司老板的心得：

我和太太事业很成功，是中国最早富起来的那一部分人。在工作上很自信的我，在教育儿子方面却很失败。2005年开始，我和妻子经常为教育儿子的事情争吵，我感觉我并不是一个好父亲。为此，我放下了自己的所有工作，四处寻找各地的教育专家，寻求教子的良方。

一年多的时间里，我读了很多书，从古代的《论语》到现代的教育名著。我虽学了一肚子的知识，但仍旧没有解决问题。后来，我参加了中国家长教育工程的培训，并在家中实施了"家庭公约"。

我经过几天的酝酿，第一次召开了家庭会议，做了我家的第一期"家庭公约"。整个会议我们进行了三个多小时，我的两个儿子争着发言"批斗"我的粗暴。我开始有点受不了，但后来想想自己的目的，就强忍住没发火。三个多小时里，我的脸红一阵白一阵。这次家庭会议俨然变成了对我的一次"批斗会"。开完会后，我一晚上没合眼。我终于明白，原来是自己没有做好，才导致了家庭今天的局面。于是，我开始在家里很少说话，努力去实现自己承诺的公约目标。

我由粗暴地用竹条惩罚起床慢的儿子，转变为温和地抚摸孩子的头叫他们起床。我真没想到儿子睁开小眼睛，搂着我的脖子说："爸爸，我现在就起床。"我看到了儿子因我的改变而发生的变化，立刻有了信心：我一定可以做个好爸爸。

在这个过程中，我深深地体会到：教育其实并不复杂，我们需要用诚恳的态度加上改变的决心去证明我们对家庭的爱。"家庭公约"教会了我爱家人的方式——改变自己。

"改变"这两个字，"改"是过程，"变"是结果。图2.4告诉我们：开门靠自己，先要有改变的心愿，自己不主动去抓门的"抓手"，门永远不会打开，这是最为关键的。自己先有了变化，就会带动家人变化。"门被慢慢打开，风景慢慢进来"，我们想要看到美好的风景（别人的变化），就要有耐心，用自己的改变慢慢换取孩子的进步。"你先改，家后变"，这就是改变的"开门原理"。这是家长教育工程中的核心原则，也是家长教育的重要原理之一。

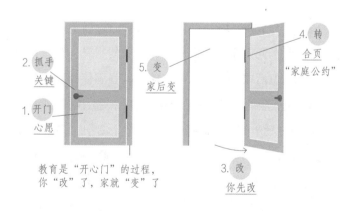

图 2.4　开门原理

"改"的部分需要家长自己先敲门，要打开自己的心门。改与变是有先后顺序的。随着门一点点打开，家长看到的风景不断在变。开门的过程，是我们先"改"的过程，后看到门外家人在"变"的风景。但这里面是有技巧的，那就是合页在转。

杭州的一位家长，她的儿子十四岁。她一心想让儿子成绩优秀，多才多艺，考上重点大学，找到理想的工作。她在生活上对孩子全盘包办，在学习上步步紧逼。孩子成绩稍不理想，就训斥、责骂，她看到的全是孩子的缺点。她这种态度，让孩子很不开心，孩子成绩下滑不说，还迷上了网络游戏。她看到孩子这样，苦恼、焦虑、失眠接踵而至。这样的恶性循环，让母子关系不断恶化。

听过我的讲座后，这位家长反复思考，决定先改变自己。按约定她每天早上六点起床，读古诗，练书法，问早安。刚开始，她是做给孩子看的。慢慢地，她自己真的爱上了古诗词和书法，开始享受其中的乐趣，心情变得开朗了。儿子看到妈妈的变化，也开始有了改变，对学习慢慢有了兴趣……

身教重于言传，改变孩子之前先改变自己。

生活即教育。家长的日常行为往往会影响孩子的习惯。家长改变自己应从生活小事做起，认真对待自己的行为，把每一件小事做好，日积月累便会有所长进，从而为孩子树立学习的榜样。

→ 我们不要让孩子把家长的成功错当成自己的资本，要避免家长的"成功"成为孩子"失败"的诱因。

→ 多用评价和鼓励的方式对待孩子，才是有效的激励和惩戒措施；而用批评和表扬的方式对待孩子，往往是无效的教育方式。

→ 父母的权力并不能真的"影响"孩子，它只会"强迫"孩子做出特定的行为。

→ 要提高家庭教育的水平，不是家长改造孩子，而是家长要从自身做起，为孩子做出改变。没有成熟的家长，何来懂事的孩子？

给 父 母 的 教 子 箴 言

# 第三章

# 孩子出问题，
# 本质是家长的问题

孩子出了问题，家长首先应该反省自己。家长面对已经出现的不良状况，要调整自己的态度和做法，改变自己，真诚、耐心地辅导孩子，帮助孩子走出困境，这才是最正确的选择。也就是说，孩子有"病"，家长吃"药"。

# 孩子有"病"，家长吃"药"

孩子的问题本质上是家长的问题，家长不正确的态度和做法容易导致孩子犯错。因此，一个所谓"问题孩子"的背后，必然有一个实施错误教育的家长。

孩子有"病"，谁吃"药"？

这个问题看似滑稽，实则深刻。孩子不听话、不懂礼貌、逃学、撒谎、学习差、打架等，都是行为上的"病"，这种病该谁"吃药""打针"呢？答案是家长！

看到孩子有"病"，家长首先要检讨自己的教子方法和行为是否正确。家长需对自己做行为上的"治疗"，包括改变教子方法、调整与孩子相处的方式、加强某一方面的引导等，孩子的"病情"会明显好转。

孩子出了问题，家长首先应该反省自己。家长面对已经出现的不良状况，要调整自己的态度和做法，改变自己，真诚、耐心地辅导孩子，帮助孩子走出困境，这才是最正确的选择。也就是说，孩子有"病"，家长吃"药"。

我有一个朋友老吴，他的女儿上幼儿园大班。老师经常反映说简直拿她没办法，她平时吃饭总是弄得满嘴都是，一点儿也不像个女孩子。不管父母、老师怎么说教，她总是嬉皮笑脸。这都是孩子的老毛病了，改也改不掉。老吴想让我给孩子纠正，约我周六一起吃饭。这个小女孩很精明，吃饭很有意思，她先把食物举过头顶，接着仰头往腮帮子放，然后才移到嘴巴边开始吃。

我问老吴："这孩子小时候是不是爷爷奶奶带的？"

老吴惊讶地问："是呀，您怎么知道？"

我说："孩子平时不好好吃饭，老人天天在背后追着喂饭，玩一会儿吃一口，食物经常最先接触的不是嘴巴，而是腮帮子。天天这样喂饭，就形成了坏习惯。"孩子的问题本质上是家长的问题，家长不正确的态度和做法容易导致孩子犯错。因此，一个所谓"问题孩子"的背后，必然有一个实施错误教育的家长。

孩子妈妈说："这么大孩子了，当着齐叔叔的面，你怎么可以这样吃饭呢？"孩子冲我嘿嘿一笑。

我跟老吴说："咱们都别说话，我们看她吃。"教育孩子须对症下药。你越看她、越在意她，她越不跟你玩。你要让孩子觉得好奇，她才会跟着你走。

我看了她一会儿说："你就像一只小花猫，真好看！"

孩子疑惑地问："齐叔叔，您说我好看？从来没有人说过我好看。"她马上把注意力集中到我这了。道家讲究"倒行逆施"，家长要想教育好孩子，先得逆着说。

我说："你很好看。每个孩子吃饭，嘴巴都没有你这么丰富多彩，漂亮！"

孩子的身体靠到我这边，调皮地说："真的漂亮吗？"

我说："那当然了，你很特别，跟他们不一样。"然后指指她的父母。她高兴地笑了，把凳子往我这边移了移，靠我更近了。此时，她觉得我跟她是一伙儿的。

我学着她的样子说："我也会你那样吃。"

她妈妈着急地说："您怎么还学她了？"通常到这个时候，我们成人就按捺不住了。

老吴小声对爱人说："你先别说话，我们看齐老师用什么好办法。"

孩子看着我学她的样子，乐得前俯后仰："齐叔叔，您是大——花——猫。"

我假装严肃地对她说："小花猫不准说话，不许学我。"

她说："我偏说话，我就学您。"此时她已进入共振频道。我们在日常沟通中，不管是教育孩子，还是处理夫妻关系、同事关系，一定要把对方引到共振频道，吸引对方的注意力，这样你才有可能影响他。我又拿起一根黄瓜说："一，蘸黄瓜；二，翻瓜头；三，对嘴巴。"

我把蘸了酱的黄瓜放到嘴巴前停下来："四，把嘴张开；五，放进去；六，咬下来。"我就这样喊着"一二三四五六"的口令与分解动作，孩子看了三次便说："我也会。"接着，她便学我的样子吃起来了。没几分钟，这个孩子就不往腮帮子上抹食物了，能一次直接把食物放进嘴里。

孩子的毛病，需要家长吃"药"。孩子不需要太多的道理，需要的是家长的帮助，需要用分步骤、精确的动作来引导。教育孩子要讲究可操作性，不可操作的理念对孩子没有太大作用。

我经常听到一些家长数落孩子，把孩子落后的原因归咎于孩子"不用功""粗心""太笨"等，其实这些家长是在推卸责任。我们都知道孩子还不成熟，既没有准确的判断能力，也缺乏自救能力，自制力也非常有限，生活、学习经验不足，遇到问题时靠自己想办法解决很不现实。因此，当孩子处于逆境或者是家长认为孩子有"病"的时候，在孩子身上找原因，肯定是错误的。

有一次晚上九点多，一位沈阳的学员来电话说，她孩子这次期中考试竟然有两门课不及格，下午被老师叫去谈话了，让她觉得很丢人。她还说，孩子刚上四年级，之前从没出现过这种情况，这次或许是班里的倒数第一。她不知道该怎么办了。

在电话里我告诉她，一定不能对孩子发火，更不能训斥孩子。孩子吃、喝、用等生活需要一定按以往标准供给。把孩子关照好，不能让孩子感觉到因为考试没考好，就受到家长的处罚或冷落。

紧接着，我又问了一些其他情况，原来问题出在两位家长身上。孩子在二年级之前，都是由奶奶来抚养，后来才被接到沈阳读书。为了弥补之前对孩子缺失的爱，两位家长对孩子百依百顺，生怕孩子闹情绪。而孩子呢，以前对父母有偏见，现在也就顺着父母，对自己也放松了。等到了四年级，孩子的学习成绩就滑落到现在的样子了。

这个孩子出现问题与家长有很大关系。家长碰到这种情况时，绝对不能再溺爱孩子，而应该采用一些方法。但有一点需要申明，对孩子进行训斥、责怪肯定是没有用的。只有家长调整心态、调整对待孩子的方式方法，才能把孩子拉到正轨上来。

这位学员按照我的建议，没有打孩子，也没有训斥孩子。两位家长调整了一下工作时间，抽出更多的时间来陪孩子，对孩子也更关心了。夫妻二人还专门和孩子进行了单独谈话，表明了态度，认真地给孩子分析了现在的情况，帮助孩子纠正了一些错误的看法。后来，孩子的学习成绩很快就上去了。

孩子出现问题，就说明家长在某些方面做得有欠缺。如果家长及时改变，调整与孩子之间的关系，进行有效的沟通，问题自然会迎刃而解。

# 只有家长认真，孩子才会认真

————

> 许多家长不知道什么是认真，却总是
> 要求孩子做事一定要认真；自己做事经常
> 不认真，却一味强迫孩子一定要认真。家
> 长"不认真"和"不精确"，又如何能让
> 孩子服气和学会认真呢？

家长都希望孩子做事"认真"：上课要"认真"听讲，
要"认真"写作业，吃饭前要"认真"洗手……干什么都要
"认真"点儿！

那什么是认真？你怎么理解认真？你又是怎么教给孩
子做到认真的呢？

孩子："妈妈，什么是认真？"

家长："认真就是不马虎。"

孩子："我既不是马，也不是虎呀！"

家长："要'一心一意'，不能'三心二意'。"

孩子："我没有三心二意啊！"

…………

显然，上述说法对家长而言是可理解但不一定能操作；对孩子而言是既不容易理解，也不容易操作。

许多家长不知道什么是认真，却总是要求孩子做事一定要认真；自己做事经常不认真，却一味强迫孩子一定要认真。家长"不认真"和"不精确"，又如何能让孩子服气和学会认真呢？

毛泽东曾讲过："世界上怕就怕'认真'二字，共产党就最讲'认真'。""认真"对孩子成长中做人做事的外部"精确度"和内在"自信心"影响很大。家长要想让孩子赢得竞争，就必须为孩子建立起大脑"认真"的正确程序。

家长在教育孩子时需建立一个类别概念：请你把孩子当"士兵"看，你作为"长官"发出一个"指令"时，应该让士兵的"动作"可操作。比如说"向左转"，他知道向左转；"向右转"，他也懂怎么做。而在初期建立概念时，家长还可告知并示范"怎样做才是正确的"。


我对"认真"做了一个理性的定义：认真=目标明确+程序完整+结果达标。认真是一个非常重要的从思维到动作的连贯式、结果性、评价类概念，对孩子而言是一次管一生的大脑程序教育。

我来讲一个有趣的美国人学习做"中国炸薯条"的故

图 3.1　认真 = 目标明确 + 程序完整 + 结果达标

事，这里面体现了认真的精髓。

　　在美国，假日期间朋友经常聚会。他们习惯每个人或每个家庭都带一两个菜，放在一起分享。我经常会带一些中国特色菜，比如醋熘土豆丝、蒜蓉茄子等。

　　当时有一位德裔美国朋友，非常喜欢吃中国菜，尤其酷爱醋熘土豆丝。有一天，这位朋友对我说："David（大卫，我的英文名字），我非常喜欢你的那个'中国炸薯条'！"

　　我说："那不叫炸薯条，是炒薯条。"

　　他马上改口说："噢！中国炒薯条。"

　　他问："我可不可以跟你学一学啊？"

　　我说："好啊，这很简单，随时欢迎。"

　　他很认真地更正说："不能随时！周一到周五大家都工作，肯定不行，我周六或周日到你家去学可以吗？"

　　我说："都可以。"

　　他接着又问："是上午方便，还是下午方便？"

　　我说："都可以。"

他说："那不可以！上午还是下午？"

我认真想了下说："下午吧！"

这回他满意地笑了："我周一再与你确认一下具体的时间。"

周一，他与我电话确认为周日的下午两点，到我家来学做醋熘土豆丝。

周日他按时来到我家，进门还拎了个包，我以为里面是给我带的礼品，结果却是个工具箱。他进门只说了几句客气话，茶也不喝，坐都没坐，就直奔目标——厨房。

我们的习惯不是这样的，通常我们是先喝茶、聊天，最后再做正事，但经常是聊过了头，本来计划两小时的事情，聊天聊得最后只剩下二十分钟，把正事给忘掉了。你是不是经常这样？很多孩子也有这种现象，比如做作业时准备不足，小动作较多，做作业的有效时间很少。这就需要家长训练孩子"认真"，首先就是要明确目标。这位美国朋友的目标就很明确。家长应及早训练孩子的"目标意识"。

他进厨房后，就用手比画着尺寸问："这个操作台从这到那的空间都可用吗？"

我说："都可以用。"

然后，他把包一放，就从里面开始掏东西：笔、本、卡尺、秒表、剪刀，还有一串量杯。

我非常好奇地问："这是干什么？"

他说："准备跟你学炒菜啊！"

我说："学炒菜，你用这些东西干什么？"

他说："不用这些工具，那怎么学炒菜呢？你们中国人怎么学炒菜？"

我说："我们只要看看，顶多就带个笔和本。"

他很吃惊并认真地说："我没有你们中国人那么聪明，但我认为你们不带工具学习不够专业化！"

这完全是两种不同的思路，彼此根本不理解，多少都有点情绪化。

这位朋友是德国裔的美国人，这便是他的思维模式和行为习惯。

于是我说："那好吧，咱们不说了，开始炒菜吧。"

说着，我取了土豆就开始清洗。他马上问："David，请慢点！这叫什么土豆？"

我心想：真是奇了怪了！天下还有问"叫什么土豆"这种问题的人！我不耐烦地说："土豆就是土豆！"

他马上解释说："你没有理解我的问题。我只是想先把'土豆类别'搞清，以便明确菜的'原料成分'。市场上有三十多种土豆，你买的是哪一种土豆？"

噢，我明白了！我还真是第一次听说有这么多种土豆。我耐心地说："我也不知道。我家里有什么土豆，我就炒什么土豆。"

他突然盯着我问："你的土豆包装袋还在不在？"

我弯腰从橱柜里把编织袋拿了出来。他把包装袋拿过去，找到标签一看说："噢，你这是加州白土豆，含淀粉⋯⋯"他拿着那个标签又问："你这个标签还有没有用？"

我说："没用了。"

他便用剪刀将标签剪下，贴在记录本上，并标明"原料成分见标签"。原料明确了，那就做吧。可我一刮土豆皮，他的问题又来了："你用的是几号刮刀？为什么刮这么厚？你用的可能是二号刀。"他还用卡尺量了刮下的土豆皮的厚度。

哎，我真的是受不了！这回该我反问了："你说你量这刮多刮少有什么用？"

他非常耐心地解释说："这土豆皮的薄厚对菜的产量和质量会有影响。"

我心想，这些问题我的确从来没有想过。但我却说："没关系，我们中国人都是这么做的。"

他连连摇头说："你们中国人不可思议！"

我本能地回嘴说："你也不可思议！"

我们俩边说边做，他不停地打断我，不厌其烦地测量着。

我刚切完土豆丝，他又来了问题。他说："你这土豆丝切得跟上次吃的不一样。"

我问："怎么不一样啊？"

他说："这次的丝有长有短啊！"

我问："那上次呢？"

他回答说："上次的长度基本一致！"

噢，我想起来了！我忙解释说："上次我是把椭圆的土豆先切成方形，然后再切丝。那是为了炒出的菜在朋友面前看着漂亮。今天你来家里做菜，因为没有外人，我就拿圆土豆直接切了。圆土豆切了丝，当然就有长有短了。"我心想：这样不浪费，自家吃，又不是拿出去请客。

他点点头说："噢，明白了，原来是这样。"他说着，马上在记录本上画了方和圆两个图形，并标明土豆有两种切法。他边量边记地忙碌着：土豆丝多宽、多长，最短的多少，最长的多少……

接着他又问我："切的斜度不一样，丝儿的形状也应该不一样？"

我回答："对。"

他便在图上标定了切入角度。再接着，我所用的调料，如葱、蒜，他都得弄清楚，包括中国的白醋。白醋他没见过，便问："这是什么？"

我说："这是中国的白醋。"

他又追问："噢，这个东西在哪里可以买到呢？"

我说："到中国商店便可以买到。"

他接着问："那你有地址和电话吗？"

我现在已经明白了他的操作程序，以及不达目的誓不罢休的认真劲头。他一定要有能抓得到、记得上、可复制的东西才罢休。于是，我便顺着他的思路，把下一步他要的东西马上都给了他。

这时，他开玩笑地说："你现在认真多了，像个专业人士了。"我心中有一种说不清的滋味。

炒菜的准备工作总算弄完了，终于可以开始炒菜了。可我倒油时，他的问题马上又来了。他盯着油问："你这用的是什么油？是橄榄油还是什么油？"

我回答说："这是花生油。"他马上就拿来量杯量好，记上。

我当时真是有点烦了。他也看出了我很烦。于是，他提议停下来先沟通一下，再继续做。他说："David，我知道你不高兴，但我还是要给你提个意见。"

我说："请说。"

他用眼睛盯着我，缓慢地说："你很不认真且缺乏耐心！"

我说："我已经很认真了！"

他摇着头又说："你真的不认真，你教我的态度也很不好。"

我看他真的认真起来，便忙道歉并解释说："我是第一次遇到像你这样认真的人，你一会儿给我掐表，一会儿给我量尺寸，我刚做一下你便打断一下，所以我很烦。如果态度不好，对不起了！"

他也解释说："我可以理解你，但我是在用我们的方式认真地学习，也请你能尊重并认真、耐心地教我。"

我说："好吧。"

我们就又开始操作起来。

油热了，菜也下去了，我总算炒上菜了！

看着他一边掐表，一边量翻菜铲的角度，嘴里还唠叨着"四十五度角，正铲两下、再翻三下"，不停地做着笔记。

菜总算炒出来了！

我盛出了菜，请他品尝。

他尝了一口说："哎，David，为什么这次的味道与上次的味道不一样？"

我辩解说："肯定不一样啊！有点小差别很正常。"

他不理我，接着问："那我怎么能学得正宗并可以标准化？"

这朋友又认真起来了，这是他自始至终坚持的非常重要的一个观念——标准化。

我便调侃："我们中国人都是这样做菜的啊，中国的菜都能享受到这种特殊性，每个厨师不一样，每次做也不一样，所以说我们中国菜可以成为全世界第一！"

"不可思议！"他表示很不理解。

我原以为总算结束了，可他的问题又来了！他拉着我与他一起认真检查并调整了他记录本上炒菜的流程，并要求我在他的记录本上签字，美其名曰这是尊重我的知识产权。

我笑着说："我不要这种知识产权，你是想拿给别人看以示正宗吧？"但还是给他签了字。

从头到尾，他有一个完整的程序概念贯穿始终。这就是认真中的"程序完整"，即你的大脑程序一定要正确。

人的一切行为都是由大脑来支配的。大部分孩子做作业马虎都是大脑程序有问题。家长需尽早帮孩子建立起大脑的"第一次认真程序",这是避免人生"犯一辈子重复性错误"的根本方法。

过了两个星期,这位朋友请我去他家吃饭。我在餐桌上专门留意了他炒的土豆丝,炒得还真不错。吃饭时,我很客气地礼让,请他的太太和两个孩子多吃一点儿。话一出口,孩子们都说:"不!"

我好奇地问:"为什么?"

他的小儿子说:"因为爸爸这些日子炒了太多的土豆丝!"

我这才明白他在家已"重复"练习了很多次,"认真"他不只是"讲",更在"做"。这才能称之为"结果达标",即行为精确度达标。

知识不是力量,重复才是力量。

人仅仅拥有知识是不能转化为力量的,只有通过"知行合一"的重复练习,才能将知识真正变成"真实的力量"。

大脑程序错误产生的问题虽然体现在孩子身上,但根源却在家长。想教孩子学会认真,首先家长要有正确的概念,并让自己的日常行为达标。我们大人虽然已是"成人",但并不一定"成熟",同样需要与孩子们共同"成长"。

# 孩子的问题，根源在家长身上

孩子马虎、孩子老犯错、孩子满口粗话、孩子做作业慢等，都是有原因的。从根源上分析，孩子的这些问题本质都是家长的问题。

家是什么？家就是"造人"工厂。

产品合格不合格，责任在领导（家长）。如果一个董事长（母亲），一个总经理（父亲），领导一两个员工（孩子）还领导不好，是不是这两个领导有点失职？这是哪里出了问题呢？

大自然是我们人类最好的老师。我用"大树原理"来打个比方，如果把我们现在的教育体系比作一棵大树的话，家长教育就是大树的"根"，家庭教育是大树的"干"，学校教育是大树的"枝"，社会教育是大树的"叶"，而教育的对象——孩子，便是大树的"果实"。只有根深、干粗、枝繁、叶茂，果才能硕。

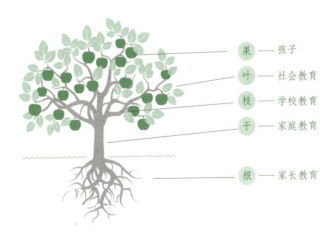

果 —— 孩子

叶 —— 社会教育

枝 —— 学校教育

干 —— 家庭教育

根 —— 家长教育

只有根深、干粗、枝繁、叶茂，果才能硕

图 3.2 大树原理

生活中，一提起教育，家长往往只盯着学校教育、社会教育以及教育体制。殊不知，家长忽略了最为重要的自身教育。从图3.3"孩子教育责任比例"中不难看出，家长教育是教育大厦的地基，是教育接力赛的"第一棒"，第一棒没跑好，后面的教育便会"事倍功半"。孩子教育责任的地基在家庭，孩子问题的本质是家长的问题。我们要想提高教育水平，需从家长教育入手。

现在许多家长，自己做事都马马虎虎，却总要求孩子做事要认认真真；自己经常犯错误，却强烈要求孩子做事不能犯错；自己天天打麻将、玩手机却要求孩子"好好学习，天天向上"；自己满口粗话，却要求孩子要讲话文明；自己做

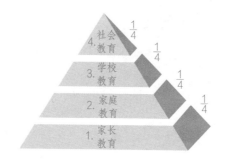

教育 4×4 接力棒

图 3.3　孩子教育责任比例

事磨磨蹭蹭，还说孩子做作业慢……这样的事情每天都在发生。因此，孩子马虎、孩子老犯错、孩子满口粗话、孩子做作业慢等，都是有原因的。从根源上分析，孩子的这些问题本质都是家长的问题。

　　战场上讲究不打无准备之仗，而今天几乎所有的家长都在打无准备之仗。或许你会认为今天没有战争，那你错了，今天的战争在家里。全国多数家长每天早上都要叫孩子起床，从幼儿园到高中，你的家里有没有起床的战争？

　　孩子在生活中的点点滴滴都体现着孩子的个性特征。孩子不能主动地按时起床不是小事。不能主动起床的孩子，很大程度上是因为他们知道，父母会想尽一切办法不让自己迟到。也就是说，家长会承担孩子晚起所造成的一切后果。这样容易导致孩子没有责任心，对自己不负责任，对同学、对老师、对学业也不负责任；还可能没有意志力，意志力是遇到困难敢于去征服的能力；还可能没有时间观念，没有时间观念的孩子容易落伍；还可能没有好的生活习惯，没有好的生活习惯的孩子，学习一定不会太好，因为生活质量决定孩子的学习质量……因此，家长一定要重视孩子生活习惯的培养，让孩子主动起床，把责任还给孩子。

我们在北京的一所小学做过"家校政社协同教育"实验。这个实验很独特，分别对老师、家长、孩子、社工进行培训，然后一起制定"家庭公约"与"班级公约"，公约会让四者目标一致、步调一致，这样才能达到真正的效果。

我把规定告诉老师：孩子迟到是普遍的社会现象，是我们成人不成熟所造成的。在这一周的实验中，凡是参加我们实验的四个班级的孩子，即使十二点才来上课，甚至下午才来，你都不要批评他。要让孩子成长，就要放手，让他体验，让他知道行为的后果。不然我们家长天天催来催去，他也不知道迟到是怎么回事，或者说迟到以后会承担什么责任。

我告诉家长：你们要把责任还给孩子，让孩子主动起床，

图3.4 孩子不起床不是小事

先跟孩子讲清楚这是他的事儿，接着把"家庭公约"与"班级公约"签下来。孩子跟你闹、跟你耍赖，怎么办？这时，我们不用说话，拿孩子的签字给他看，孩子一看就不跟你闹了，很多孩子都是这样。因为他知道理亏，白纸黑字总比嘴巴好用。

我给孩子们讲：起床是不是都应该自己做？孩子们都说是。我问："做得到吗？""做不到。""想不想做到啊？""想。"好，白纸黑字，咱们每个人都签名，玩游戏。回家跟父母再签一份。从下周一开始我们自己起床，不用父母来叫，这是我们自己的责任。

参加实验班的一个爸爸讲，他家的小公主是一年级孩子，三天三个变化。

第一天，妈妈还是忍不住叫了她。这里有一个教育原则叫ABC原则：A代表"事前要有约定"，B代表"事中要有提醒"，C代表"事后要有总结"。跟孩子有了约定以后，晚上睡觉前要有提醒："宝贝，明天开始就不叫你了，咱们已经签了协议，你要完成作业，老师也说了，齐叔叔说了，你也答应了，爸爸妈妈也知道了，对吗？"孩子说："没事儿的，我肯定会自己起床。"很少有孩子能做到，因为有惯性，但孩子有这个决心，也有这个愿望，这就是好事儿。

第二天，孩子真的没起来，妈妈想叫，爸爸说："咱们签了协议，就不要叫了。"然后，夫妻俩就一起走了。孩子奶奶说，这小公主一起来就急得嗷嗷叫。她十点多钟起床，跑到学校简直在"受气"。每个班的情况我们都记录下来了："哇！又来一个。"因为学校配合，老师知道，便说："好，××来了，今天起得很早。"你想一下，这跟对孩子说"你怎么又迟到了？"效果肯定不一样。这孩子羞得满脸通红，心里特别难受。

晚上回来，这个小公主闹起来没完没了。爸爸拿出公约说："这不是你签的吗？"孩子攥着拳头、眼里含着泪，扭身走回自己的房间，不再跟爸妈胡搅蛮缠了。她爸爸说这是第一次看到孩子这个样子。这一招真管用，比爸妈说多少话都管用。

第三天，早上六点时，爸爸看见门前有一个小人影在晃动。六点整，孩子敲门："爸，给我做饭。"孩子吃完饭，高兴地走了。晚上回来时，孩子非常兴奋地说："我们班谁谁迟到了，谁谁迟到了，我是第二个到的。"你瞧瞧，小孩子都有荣誉感，只要你肯让她经历。

后来，这孩子不但自己起床，还第一次给爸妈做了鸡蛋挂面，并留了便条，上面写着："爸妈，我吃了早饭，我先走了，你们吃饭吧。"其实要想让孩子快速成长，家长就得放手，放手往往更能成就孩子，事情也往往会变得更简单。

家长应该了解"经验不可替代，过程不能超越"的人生规律，让孩子独立成长是非常有必要的。家长今天给予孩子什么样的教育，明天我们就收获什么样的未来。

# 孩子教育重在习惯养成

————

　　"家庭是习惯的学校，父母是习惯的老师。"家庭是孩子成长的第一环境，是孩子习惯养成的摇篮，家庭教育应注重孩子各种良好习惯的养成。


　　有一次，我到韩国参加首席执行官俱乐部的活动，记忆颇深。参加活动的都是大公司的老板，我是作为学者陪同去的。当时我们定的是下午六点半在酒店的大堂集合，然后再出去吃饭，最后晚间一起参加一些活动。我提前十分钟到达酒店时，看到韩国的李将军已经站在那儿等候了，他后面还站着一个随从。

　　我们互相问候之后，我问："其他人呢？"

　　李将军回答："他们说一会儿就来。"可是我们已经等了一会儿，还是没有一个人过来。

　　他对我说："齐教授您是学者，我和您探讨一个问题。"

我说："您别这么客气，请讲。"他会一些汉语，虽然讲得比较生硬，但是能沟通。

他说："你们中国人好麻烦。"

我说："为什么？"

他说："你们有些中国人不守时。作为老板必须守时，要有时间观念，我们好做准备，这也是对别人的尊重。我这几天总结出来了，你们最快的会提前十分钟到达，就是您这样的，最慢的要晚半个多小时，这一快一慢相差四十多分钟。我都已经快七十岁了，要站四十多分钟等你们，我的随从也得跟我站着。"

我看了看他和随从，关心地说："您可以坐下来等。"

他说："不，你们是我们尊敬的客人，我要你们看到我们第一眼是站着等的，这是你们唐代的规矩。我们很敬重中华文化，以前你们是我们的宗主国，但是现在你们的这个文化传统已经丢失了。"

他接着说的一句话对我刺激更大："我是军人、飞行员，一秒钟就有可能决定我的生命、决定我的战机的生命。"

我们有些人为什么没有时间观念呢？难道我们的时间不值钱吗？难道我们没有基本礼貌吗？那我们又怎么能教育好孩子呢？

家长应该从最简单的事情开始，给孩子建立时间观念、数字概念、成本概念，并教他们养成守时的好习惯。

　　孔子曰：少成若天性，习惯如自然。著名教育家陈鹤琴先生曾说过：习惯养得好，终生受其益；习惯养不好，终生受其累。教育家叶圣陶先生十分重视少年儿童良好习惯的培养，他认为教育就是养成良好的行为习惯。

　　我在很多幼儿园做调研时发现，大多数孩子都喜欢画画、涂鸦，但60%的孩子没有"盖笔帽"的习惯。这显然与家长的失误有一定关系。一盒水彩笔普通的要十多元，高级的要一两百元，家长一个月需要给孩子换一到两盒，我们算算这个无形的损失有多少？这不仅仅是家长微小的经济损失，更重要的是家长会害了孩子。因为家长做事不精确，所以导致孩子的大脑少一个程序。孩子长大参加工作后，存在丢三落四的问题，工作就做不到完美，领导也会不满意。如果孩子将来做了工程师，多画或少画一笔就会给企业造成很大损失。

　　日本教育家福泽谕吉也曾指出："家庭是习惯的学校，父母是习惯的老师。"家庭是孩子成长的第一环境，是孩子习惯养成的摇篮，家庭教育应注重孩子各种良好习惯的养成。

　　许多学习成绩一般的孩子都存在写作业慢的现象，这与他们0~6岁的生活习惯有关。0~6岁是孩子生长发育非常关键的时期，也是孩子良好习惯养成的重要阶段。良好的生活习惯将决定孩子今后的学习质量，而孩子的生活习惯是由家长的正确观念及行为示范培养的。

当孩子学习时，家长应注重营造良好的家庭学习环境：手机静音，电视音量调低，最好不看电视，与孩子一起学习、读书、看报。孩子写作业前要提醒他做好准备工作，喝水、吃东西、上厕所等杂事要提前处理。写作业时努力做到一气呵成，以提高专注力及学习效率。与此同时，家长最好帮助孩子记录下学习过程，如统计写作业的起止时间、准备错题本、总结学习方法等，帮助孩子做到"学习不分心，作业有效率，开始有准备，时间有记录，错题有记载"。

我在讲课时，常给家长看一段视频：在机场候机大厅，有一位妈妈离开座位去办事，她八岁的大儿子安静地坐在大厅里看书，小儿子在旁边玩儿。她回来时，大儿子马上把书放回书包，小儿子则主动跑过来帮妈妈整理行李、推车。一些看似不起眼的日常习惯无形中会影响孩子的健康成长。视频中孩子的这些举动都是良好家庭教育的体现。

儿童期是形成习惯的关键时期。这段时期可塑性强，既是孩子最易接受正确教育而养成良好道德品质的时期，又是最易受到不良影响的时期。因此家长应注意给孩子创造"练习"的机会，并帮助孩子在不断的练习中养成优良的品性。这将会让孩子受益一生。

# 好孩子的标准是什么

听话的孩子就是好孩子吗？家长、老
师让做什么就做什么，让怎么做就怎么做，
不让做的事情坚决不做。孩子也是人，不是
机器，他也有自己的想法、观点。

每个家长都爱自己的孩子，都希望培养出一个好孩子，
那什么样的孩子是好孩子呢?

我问过很多家长这个问题，答案大多是：学习好就是好
孩子，听话就是好孩子……但很少有家长能客观评价自己的
孩子。

目前让许多家长感到困惑的是：一个班级中学习成绩前
十名的孩子被捧成"明星"，老师表扬，家长夸奖，而其他
孩子却被忽视了。难道只有前几名的孩子才是好孩子吗?

倘若如此，那么小时候学习成绩并不好的爱迪生、爱因
斯坦、克林顿、小布什等，算不算是好孩子呢?

中国历史上也有许多大器晚成的例子，不同的孩子，开窍的时间会有所不同。学习好，只能算是"好学生"，但不是衡量"好孩子"的唯一标准。

听话的孩子就是好孩子吗？家长、老师让做什么就做什么，让怎么做就怎么做，不让做的事情坚决不做。孩子也是人，不是机器，他也有自己的想法、观点。如果孩子长期在这种教育思想下成长，他就会缺乏创造力、自信心，也可能将来连谋生都成问题。

如果家长搞不清楚"什么是好孩子"，便盲目地按照自己的标准教育孩子，结果可能是教育出的孩子甚至不如没有接受这种教育的孩子。就像卢梭所说："误用光阴比虚掷光阴损失更大，教育错了的儿童比未受教育的儿童离智慧更远。"

我们经常听到一些有经验的长者与某个孩子交谈三言两语后便赞不绝口，断言这个孩子长大后必有出息的故事。如此种种，历史上也有不少佳话。这些长者是如何判断的呢？究竟什么样的孩子才是好孩子呢？

培养好孩子，首先要有一个正确的价值观和评价体系。我们来学一学教育原理中好孩子的"五指评价法"。请你把手伸出来，好孩子的标准如同手掌上的五根手指，分别代表德、智、体、美、劳五项指标，这是每一个正常人必须具备的。德育好比"大拇指"，占据第一位，智育当然也重要，但孩子应当获得"五项全能"式的平衡发展。

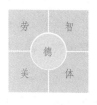

图 3.5　五指评价法

知道了什么是好孩子后，很多家长还有疑惑：有没有更为具体的检验标准呢？

为便于家长衡量自己的孩子距离好孩子还有多远，我将好孩子的检验标准进行细化，并图表化，使其可操作性更强。

一个好孩子需要有"动力"去追求成功，有"毅力"抵制诱惑，有"能力"达到事半功倍，有良好的程序概念使得做事情有条不紊，最后还需要"体力"保证。具体细化下来：

其一，需要一个健康的身体，这是一切的基础。

其二，需要强大的动力系统，这个动力系统可以分解成长期目标和短期目标。长期目标就是理想，只要有理想，孩子就能不断前进。短期目标更是必需的，虽然罗马不是一天建成的，但没有分期工程，多少天也建不起来。

其三，需要有足够的毅力。这个毅力可以分解成意志力和耐力。意志力掌管两个功能：一是抵制不良诱惑，时时提醒孩子，该赶路了，别贪恋路边的风景；二是执行既定计划，时时提醒孩子该做什么，防止出现"天天立志"的现象。耐力则保证孩子有不达目的誓不罢休的坚持性。

其四，需要有足够的能力。很多事情的结果由两个因素决定：一个是效率，一个是时间。时间乘效率就是最后得到的结果。希望孩子拥有良好的能力，家长就必须从这两个方面去修正。

其五，需要良好的程序。程序安排恰当，可以节省时

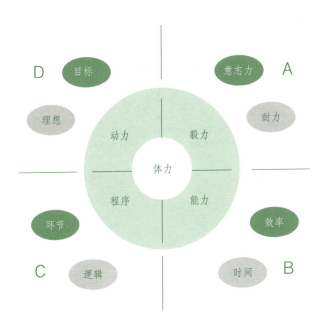

图3.6　好孩子的检验标准——五要素八指标

间和精力。做事情之前将事情分解成相对独立的环节，并合理安排各环节的先后顺序，这是做事情有条不紊、事半功倍的必要条件。

要让孩子达到上述标准，成为我们心目中的好孩子，我们就要从小事做起，不断地引导孩子多练习，让孩子养成良好的习惯，最终让孩子成为"好孩子"。

→ 孩子出现问题，就说明家长在某些方面做得有欠缺。如果家长及时改变，调整与孩子之间的关系，进行有效的沟通，问题自然会迎刃而解。

→ 人的一切行为都是由大脑来支配的。家长需尽早帮孩子建立起大脑的"第一次认真程序"，这是避免人生"犯一辈子重复性错误"的根本方法。

→ 家长应该了解"经验不可替代，过程不能超越"的人生规律，让孩子独立成长是非常有必要的。家长今天给予孩子什么样的教育，明天我们就收获什么样的未来。

→ 不同的孩子，开窍的时间会有所不同。学习好，只能算是"好学生"，但不是衡量"好孩子"的唯一标准。

给 父 母 的 教 子 箴 言

# 第四章

# 沟通不等于说话

当一件事情发生后，家长一定不能做"冲锋枪"，对孩子进行无休止的指责，而是要做"发报机"，让时间延迟，并通过给孩子写字条或发短信等"非口语"交流的方式说出自己的想法。

# 沟通的五种方式

家长改变自己的行为要从定量说话开始，比如要说"请等我十分钟"，而不是说"等我一会儿"。

良好的亲子沟通能维持和发展良好的亲子关系，营造和谐的家庭氛围。在多年的实践及调研中，我归纳出以下五种沟通方式：口语、文字、图像、曲线、数字。

第一种是口语。口语的沟通最为直接，但口语沟通往往存在很大的不确定性。同一句话或同一件事，在不同的场合用不同的语气、语调来表达，效果往往会有很大的差异，而不同的人也会有不同的理解。因为口语的理解存在偏差，会产生冲突，所以我们会尽量减少使用口语沟通。

第二种是文字。文字沟通与口语沟通相比，其准确性和确定性都要好一些。因为文字有"证据作用"，所以更有说

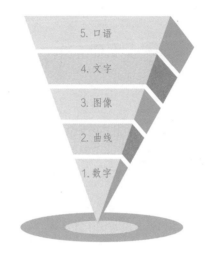

沟通方式不同，理解误差各异

图 4.1　沟通的五种方式

服力。比如我们读过的很多古文，就是古人在许多年前写出来的文章。如果通过说话来传承，那肯定早就失传了。用文字来表达，虽然不同的人可能会有不同的理解，但不至于有较大的差异。这也正是日常办公多使用文件、合同等的原因所在。所以，希望家长多用书信或者是短信的方式，给家人"留书信""发短信"。这样沟通效果会更好。

2004年，我们在北京望京西园四区"和谐家庭俱乐部"做培训时，一位家长向我咨询："齐教授，我的女儿现在读初三，在这关键时刻她却谈恋爱，不管我怎样劝说和管教，她都无动于衷，在这件事情上我真是力不从心，拿她没辙。我该怎么办才好呢？"

在沟通中我了解到，她是某银行的高管。我对她说："在孩子谈恋爱时，给孩子讲大道理反而会使孩子反感。此时需要采用不言之教的沟通方法，一切问题都将迎刃而解。你不妨给女儿写一封信。"

她着急地说："可以。那写什么呢？"

我详细地解释："信的内容需要保持三个原则：第一，找优点。找孩子的优点，表扬孩子。第二，认不是。承认自己的错误，跟孩子道歉。第三，提希望。这个希望要有共同的方向。此阶段的孩子处于青春期、叛逆期，自制能力差，还容易胡思乱想。你可以同孩子一起制定'家庭公约'：女儿在保证成绩不下滑的情况下，一周与男朋友见一次；如果成绩有所提高，一周可以见两次。" 这三个原则，我在许多家庭都做过测试，效果很好。

这位家长按照我说的方法落实后，女儿不但很好地控制了自己的时间，而且学习成绩有了显著进步。家长专程来感谢我："齐教授，您不愧为教育专家，我按您的方法去做，不但减轻了自己的压力，孩子也学会了节约时间，能够平静地对待此事，还提高了学习成绩……"之后，这个孩子在我的辅导下，不但考上了大学，还去英国留学。

第三种是图像。图像最直接，也最容易抓到信息，无须使用太多语言就能理解。比如孩子画一个妈妈的笑脸，家长一看便知道孩子是希望妈妈高兴，别生气了。画一个自己的哭脸，就是告诉妈妈自己很痛苦、委屈、难受，快哭了，提示妈妈不要使劲批评自己，妈妈理解后就不会再说下去。还有马路上的广告牌，有了图像的配合，不用多少文字就可以表达得很清楚。因此，图像在一定范围内比口语和文字的沟通效果更具体、直观、高效、精确。

第四种是曲线。曲线包括各种线条。在表述事情的发展规律及相互关系时，用曲线沟通最容易达成共识。比如投资股票的人经常看股票走势图，作曲家靠掌握五线谱来展现音乐的优美旋律。

第五种是数字。曲线和数字可以说是最高级的交流方式。如果说曲线是规律，那么数字就是力量。比如我们经常会说"一会儿""少许"……这些词都是不定量、不准确的。家长改变自己的行为要从定量说话开始，比如要说"请等我十分钟"，而不是说"等我一会儿"。相比之下，数字沟通更为精确，不会存在理解偏差，许多任务或要求被量化后，都能变得更为精准与高效。

# 错误的沟通方法，越早纠正越好

沟通是有方法的，语言是有艺术的。
家长在与孩子沟通时，需用心体会，在交
流与沟通中多探索有效的方法和途径，不
断提高沟通水平。

家长跟孩子沟通，是每天必不可少的事。而如何与孩
子畅通无阻地沟通，是每个家庭、每位家长都十分关注的问
题，同时这也是当今社会一个很棘手的问题。在日常生活
中，你是怎样跟孩子沟通的呢？

下面有一个小小的测试："你常用哪种方法跟孩子沟
通"，请家长做出选择。

我从事家长教育工作多年，遇到过形形色色的家长，找
我解决与孩子的矛盾的家长有很多。我经常先让这些家长描
述他们与孩子是怎样沟通的，各种各样的回答无外乎就是图
4.2中这十二种方法，即命令、指示性的，警告、威胁性的，

一次管一生的教育

**命令 指示**

给孩子命令、指示，告诉他必须做什么

"我不管别的孩子怎么样，你得给我打扫房间！"
"不准用这种口气跟大人说话！"
"你现在就上楼找小明和小红玩去！"

**警告 威胁**

警告孩子他的行为将带来的后果

"你要再闹，我可就要打你了！"
"下次再考不好，你就不要回家了！"

**告诫 说教**

告诉孩子他应该做什么

"你应该尊敬大人。"
"你不应该做那种事。"

**建议 答案**

给孩子答案或建议，告诉他如何解决问题

"为什么你不请小明和小红下楼来玩？"
"等两年再决定上不上大学。"
"你应该与老师商量一下。"

**教导 授课**

试图用事实信息和自己的意见影响孩子

"大学可能是你一生中最有益的经历。"
"妈妈需要你帮忙做家务。"
"小孩子应该学会如何与他人相处。"

**批评 责备**

批评责备孩子的行为

"你没有好好考虑。"
"你太不成熟了。"

**表扬 同意**

给孩子正面的评论与评判，同意他的观点

"你能够做好！"
"我同意你的看法。"

**嘲笑 羞辱**

使孩子感到羞耻，给他起外号

"你简直像个小皇帝！"
"好像你什么都懂似的！"

**解释 分析**

分析孩子动机，知道他为什么要这样做

"你只是嫉妒小红罢了！"
"你不想上大学，是因为你现在成绩不好。"

**安慰 同情**

试图使孩子的心情好转，改变他的心情

"你明天就不这样想了！"
"你平时与其他孩子一直相处很好，不要担心！"

**查究 询问**

试图找出原因或动机

"你为什么讨厌学校呢？"
"他们没告诉你为什么不和你玩？"

**转移 说笑**

试图逃避问题，转移注意力

"不要在吃饭的时候说这些好不好？"

图 4.2　家长常用的十二种沟通方法

告诫、说教性的，建议、答案性的，教导、授课性的，批评、责备性的，表扬、同意性的，嘲笑、羞辱性的，解释、分析性的，安慰、同情性的，查究、询问性的，转移、说笑性的。

来自广州的一位小朋友晶晶，今年七岁了。她曾告诉我，父母吩咐她做事情时，常常会这样说："去把杯子拿来。""把报纸拿来。""赶快去弹钢琴。"虽然晶晶有时候非常乐意去做这些事，可是当听到这样的话时她却没有了动力去执行。很显然，这是家长给孩子发布命令、指示，告诉孩子必须做什么，是一种命令、指示性的沟通。"去把报纸拿来"和"帮妈妈把报纸拿过来"，在我们成人听起来意思一样，但孩子的感受却有很大的差异。孩子虽小，但同样不喜欢被人命令、指示，因此，家长要求孩子做事情时，千万不要对其发号施令。

四岁的莎莎看到桌子上放着一个绿色盒子，打开发现里面有好多像贴画一样很黏的粘板，另外还有像方便面调料包似的小袋子。因为觉得好玩，莎莎就拿着粘板在墙上贴了起来。妈妈看到孩子玩蟑螂药，立刻对孩子吼道："这个是你拿来玩的呀？再拿这个玩，我就剁掉你的手……"莎莎被吓得哭着说："妈妈，我不拿了，以后不拿了。"

我们可以看出，这位家长使用的是警告、威胁性的沟通方法，虽然暂时起了作用，但并没有真正达到沟通的效果。

家长只是警告孩子她的行为将带来的后果，可孩子依然不知道她玩的这个东西是什么，有怎样的危险性。

孩子正在做一道题，在一边盯着的家长不等孩子做完，就说："你不应该这样做，错了，你应该用这个公式才对……"直接告诉孩子应该怎么做，或者告诉孩子答案，或者建议应该怎么解决问题，此类家长运用的是告诫、说教性的和建议、答案性的沟通方法。

以上三种沟通方法都含有解决问题的方案，告诉了孩子应该或必须做什么。这不但没有给孩子任何机会去改变他自己的行为，还会让孩子感到丢脸，从而引发孩子的对抗情绪。同时，家长所传达的是对孩子的不信任。长此以往，孩子就会期望别人给他解决问题的方法，而不会主动承担责任，因为家长从来就没有给过他机会。

很多家长劝诫孩子好好学习，经常这样说："宝贝，你一定要好好学习，现在多吃点苦，以后就会尝到甜头。"家长试图用事实信息和自己的意见来影响孩子，对孩子进行教导。

孩子忘了带学习用品，家长直接就说："看看，你总是丢三落四的。"孩子做错了事，家长会说："怎么搞的，这么不小心。"

孩子不吭声，家长看孩子没反应，气就不打一处来："怎么不说话，你聋了？"

胆小的孩子会哭，家长又说："哭什么哭，就知道哭，认个错不就行了吗？"

孩子开始辩解，但常被家长视为"顶嘴"："你还敢跟我顶嘴，看我怎么收拾你……"

孩子不管怎么表现，面对的总是家长的责备与批评。殊不知，孩子已经知道错了，也想纠正。孩子不需要过多的批评，需要的是家长的实际帮助。

当家长热烈地讨论某件事时，孩子也想加入发表自己的见解，此时家长会说："这有你什么事，好像你什么都懂似的，回屋写作业去。"家长嘲笑、羞辱孩子，其实是堵住了孩子的耳朵和嘴。家长只顾自己"畅所欲言"，却忽略了孩子强烈的沟通愿望。

孩子不想做或不愿做某件事时，家长常说："你是不是嫉妒××了？""你不想上大学，是因为你现在学习不好。"这类家长知道孩子为什么要这样做，常会分析孩子的动机，运用的是解释、分析性的沟通方法。

上面这四种沟通方法均含有羞辱性的信息。这些信息会打击孩子的自信心，伤害孩子的自尊心，使孩子强烈地感到自己有很多不足，还会使孩子认为家长对自己有偏见，并且不爱他。由此，孩子会更加固执，坚持自己的行为，因为改变，只会证明家长的偏见是正确的。这些沟通方法会阻碍孩子对自己的行为进行纠偏，长此以往，会对孩子的一生造成不良的影响。

难道家长的沟通方法全部不对吗？有没有正确的方法？不要着急，我们接着往下看。

我的一个朋友老张，很会教育孩子，他有一个女儿，十岁了。有一次我去他们家吃饭，他女儿闷闷不乐地说："爸妈，作业太多了，你们救救我吧！"

老张看着女儿很委婉地说："是吗？比平时还多吗？"老张试图找出原因，先跟孩子进行查究、询问性的沟通。

女儿："语文让背诵第十课，数学留了十道题，英语除了抄写六至十页，还让预习下一课。"

老张听后说："作业真是有点多，你今天先做完，明天我跟老师说少留点作业。"老张站在孩子的角度考虑问题，用安慰、同情的话和孩子进行沟通，试图让孩子的心情好转。

女儿略有所思地说："那多不好呀，全班都这样，就我提出作业多，显得我很特殊。我可不想这样，我还是努力完成作业吧，其实克服这点困难，我还是可以的。"

老张微笑着说："嗯，这样才是好学生。"老张给孩子正面的评论与评判，表示同意她的观点，属于表扬、同意性的沟通。

老张又接着说："咱们吃饭时不说学习的事，你看齐叔叔好久没来了，我要跟你齐叔叔喝几杯，你来给我们斟酒如何？"孩子立马高兴地跑去拿酒了。孩子的注意力很快转移了，此处利用的是转移、说笑性的沟通方法。

　　沟通是有方法的，语言是有艺术的。家长在与孩子沟通时，需用心体会，在交流与沟通中多探索有效的方法和途径，不断提高沟通水平。只要家长多动脑筋，运用一些沟通技巧，与孩子畅通无阻地沟通就不难实现了。

# 主动倾听才能更好地解决孩子的问题

——————

　　在某些问题上，孩子需要帮助，但更
需要的是家长把寻找、发现答案的责任交还
给自己，从而找到满足自己需求的方法。

　　　女儿：今天老师把我叫到了办公室。

　　　妈妈：哦？

　　　女儿：语文老师说我在课堂上搞小动作，话太多！

　　　妈妈：是吗？

　　　女儿：不过他教课不认真，抱怨工作太辛苦，还总是提
他家里的事。他的课很无聊，同学们对他的课不感兴趣。

　　　妈妈：嗯？

　　　女儿：所以，我就趁老师讲无聊的事的时候与同学聊聊
天、开开玩笑什么的。这么差劲的老师还来教我们，我简直
要疯了！

妈妈：（沉默）

女儿：嗯……其他老师都还行，我上课也认真，就是这个语文老师太差了，也不知学校怎么会用这样的老师。

妈妈：（沉默，耸肩）

女儿：唉！也没办法，只好认了，将就吧！不是每个老师都是好老师，再说我要是不好好上课就不会有好成绩，也就上不了大学了。


当孩子遇到问题时，家长都是怎么与之沟通的呢？

上面这位家长先让孩子真正认识到自己的感觉并让她表达，然后让孩子在被理解的过程当中感受到了家长的爱，而家长也在这个过程中更加了解和爱孩子，继而引导孩子更深入地思考问题，并自己找到解决方案。

然而多数家长经常会犯同一个错误，那就是承担起为孩子解决问题的责任，这样做只会给家长带来沉重的负担。而且，家长所给的答案不一定能够完美地解决孩子的每一个问题。

当孩子遇到问题时，家长可以用一些非常简单的话引子，例如"嗯""啊""是吗"，或是"说吧，我听着呢"等，来表明自己在"主动倾听"，这是最有效的沟通方法。


有些家长遇到自己无法解决的问题时，常常会责备自己无能。当读高三的孩子突然有一天对你说："我不想去学校上课了，我就在家里复习。"作为家长，你是苦口婆心地劝说，还是苦苦哀求呢？

　　我曾成功劝说一个孩子高兴地回到学校："我也赞成你在家里学习，可是你知道高考会有哪些考试政策吗？老师也会临时教学生一些答题技巧，这些我和你的父母都不知道，那该怎么办呢？"遇到这种处于青春期又叛逆但还想学习的孩子，首先你要接纳他的提议，本着"先心情，后事情"的沟通原则，让他从心理上得到满足，然后列出他的提议的优缺点，跟孩子商议，最后让孩子自己做选择。

　　家长可以引导孩子发泄情绪，并使孩子真正认识到自己的感受。家长长期这样做，孩子就不会因为畏惧负面感受而不和家长沟通。这就为和谐的家庭关系打下了坚实的基础，同时还能引导孩子更加深入地思考自己的问题和解决方案，而且当孩子感觉自己的观点被接受时，他也会更愿意主动地听取家长的意见。

　　其实，每个孩子都具备解决问题的潜力，家长的任务就是帮助孩子开发这种潜力。在某些问题上，孩子需要帮助，但更需要的是家长把寻找、发现答案的责任交还给自己，从而找到满足自己需求的方法。

　　德国教育家卡尔·威特说："我在教育卡尔的过程中，渐渐掌握了一些与孩子进行沟通的经验，其中之一我称为'倾听的艺术'。"人的思想往往需要通过语言表达出来，如果家长不愿意倾听孩子，又怎么能全面地了解孩子呢？因此，家长一定要学会主动倾听，让孩子自己来解决问题，这样家长也能够了解到孩子所使用的方法。通过这种方式，孩子可以体会到家长对他的信任，同样家长也会得到孩子的信任。

当然，主动倾听也有一定的技巧及必备的态度。当你正在玩手机时，孩子对你说："爸爸，我想跟你说件有趣的事。""你说吧，什么事？"自认为很民主的你答应了孩子的请求，但是，你并没有认真去听孩子说话。沟通需要"眼对眼"，虽然你不断地附和，但你的眼睛却一直盯着手机，根本没正眼看孩子。可以想象，孩子会是怎样的心情。因此，当孩子想跟你沟通时，你必须专心听孩子要对你说的话，必须为倾听孩子付出时间。如果你没有时间，就应该跟孩子说没时间。

当孩子手舞足蹈地对你说："爸爸，猜猜今天发生什么事情了……我被选入学校足球队了！"

你应该说："你一定感到非常自豪吧！"

孩子回答："那当然！"

家长要真诚地接受孩子的"感受"，即使这些感受或想法与家长所认为的有很大差异。家长还要意识到孩子是一个独立的人，有自己的生活方式与个性，也有自己的感受与想法。

孩子经常诉苦："哎，我们今年新来的老师又笨又蠢！我实在是无法忍受她。"面对这样的抱怨，你怎么应对？

孩子发出信号，家长相当于接收器："听起来你对你的老师很失望。"我们应把自己理解的意思再一次传达给孩子，从而得到反馈，以确认我们的理解是正确的。

　　我们必须明白孩子的感受只是暂时的，而不是永久性的，孩子一时的感受不会永远留在他心里。

# 有效沟通的原理——发报机原理

我们如果不争输赢，只找问题、分析
原因，寻找方法、改变习惯，反而能得到
更多的爱，建立更和谐的家庭关系。

俗话说，家家有本难念的经。和谐的家庭里并非没有冲
突，只是他们善于处理冲突罢了。

有不少家长跟我反映，日常生活中与家人沟通，本来说
的是这件事，却往往会牵扯出那件事，"说东道西，南辕北
辙"，然后双方完全不顾对方的感受而大吵，最终是谁也不
理谁。这是沟通的大忌，你有没有犯过呢？

在发生冲突时，我们往往只想到谁输谁赢，甚至还会为
此吵得不可开交。在这场论"输赢"的争斗中，经常是道理
争对了，人也得罪了。这样的结果是我们想要的吗？

用"输赢"来解决问题是沟通的一大误区。生活是一门
艺术，而艺术是没有对错的。所谓"清官难断家务事"，就

是因为家务的是非界限本来就很模糊，而且没有标准。争对错针对的是人，而人是无限复杂的，所以很难争出个结果。争对错只会使冲突越来越激烈，从而埋下隐患。

我们来仔细分析以下两种沟通模式：

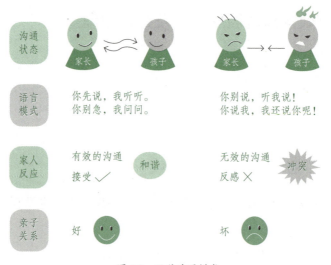

图 4.3　两种沟通模式

通过以上两种沟通模式的对比，我们发现，沟通的效果截然相反。如下表：

| | 发报机原理 | 冲锋枪原理 |
|---|---|---|
| 沟通时空 | 时间延迟、空间分割 | 同时发生、同一空间 |
| 交流介质 | 文字 | 语言＋表情 |
| 感官刺激 | 无（×） | 有（√） |
| 情绪管理 | 理性↑ | 感性↓ |
| 沟通效果 | 理解↑ | 冲突↓ |
| 行为倾向 | 找问题（共同对他） | 争对错（相互、你我） |
| 相处艺术 | 多"发报" | 少"发火" |

有一位公司老板来找我解决问题。他是一位复员军人，一个人带孩子，非常不容易。他对儿子要求特别严格，而孩子常常与他对着干，父子俩经常发生冲突。

我告诉他："家庭沟通中出现众多冲突，主要是由于我们采用了冲锋枪式的沟通模式，即双方在交流过程中'你一句，我一句'，中间没有延时，沟通双方完全不顾对方的感受，同时'发射'意见，双方都没听进去彼此的意见，犯了沟通之大忌，从而导致矛盾加剧。

"我们要找原因——找原因是对事而言，而事是相对简单的，所以容易找到方案；我们还要找问题——找问题的结果是'改变'，避免重复犯错。

"我们如果不争输赢，只找问题、分析原因，寻找方法、改变习惯，反而能得到更多的爱，建立更和谐的家庭关系。"

这位父亲说："今天我出门时孩子又跟我要钱，想买一双七百多元的球鞋。我忍着没有发火，想找您帮帮我，教我如何解决。"

我问："你平时都怎么与孩子沟通，解决此类问题？"

他说："往常我一听到这种话，肯定得教训他一顿：一双鞋你要七百多，你想干什么？然后摆一堆大道理，儿子不服，我们肯定又得吵半天。"

我说："要想达到沟通的最佳效果，避免这些冲突，你应该采用发报机的沟通模式，即发报机原理：'你一句，想一想；我一句，想一想'。这样做双方的意见表达存在"时差"，他们才容易被对方理解。你可以通过写字条的方式与孩子沟通……"

他按我的方法给儿子写了字条："儿子，爸爸不是没有钱，但我不认为鞋的贵贱有多么重要。现在你是学生，学生就应该像学生的样子。爸爸给你一千块钱，足够你买了，你认为应该怎么做？买不买由你决定，你看可以吗？免得咱俩吵架。"

最后，孩子高高兴兴地买了双两百元的鞋，还特意穿上给他看。这也是父子俩第一次没有吵架就达成了协议。

当一件事情发生后，家长一定不能做"冲锋枪"，对孩子进行无休止的指责，而是要做"发报机"，让时间延迟，并通过给孩子写字条或发短信等"非口语"交流的方式说出自己的想法。

冲锋枪原理：同时发生，没有时间差。发报机原理：存在时差，单项延迟。电报发出去再发回来会有一个"反应时间"，这个反应时间非常重要。比如，家长给孩子发短信，既不用看彼此愤怒的脸色，也能避免听到刺激的声音和语

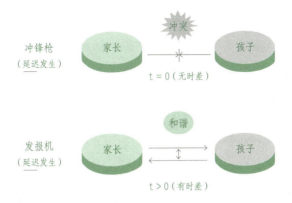

冲锋枪
（延迟发生）

发报机
（延迟发生）

时间延迟、空间分割、公约交换
是有效沟通的和谐原则

图 4.4　发报机原理

调；另外，我们也很少会用文字骂人，一般都用嘴巴骂人，而编辑短信会经过理性的思考，又延长了情绪管理时间。在整个过程中，彼此都有足够的理性思考时间。

在我们实验学校里，有一个一年级的孩子，她的父母吵架，她劝架，便很好地运用了此原则。

孩子的爸爸对我说："有一次，我跟爱人在家中吵架。女儿放学回家，一进门就发现情况不对。一看女儿回来了，我稍微收敛了一点，但她妈妈却不依不饶，于是就又吵了起来。女儿一看我们吵得很凶，观察了一下之后，就去摸她的手机。

"我意识到女儿要录音了，就马上对爱人说：'别吵了。'但她却说：'不成，今天这个事儿一定要说清楚。'

　　"我说：'反正我不说了，你要说就把你的话录下来，明天带到实验班，跟大家分享吧。'

　　"一听要被录音，爱人马上对女儿说：'宝贝，你不能录音啊，不能录我们啊。'我俩马上就不吵了。

　　"女儿说：'好，你们都不让录音。行，你们先分屋待着，半小时以后再讲。'

　　"女儿对我们说：'爸，你拿一支笔、一张纸，去这屋。妈，你拿一支笔、一张纸，去那屋。你俩把意见写在纸上，半小时后交卷！'

　　"我们本来都气得够呛，看女儿左一下右一下地两边忙活。她对妈妈说：'妈，你对爸爸今天做的什么事有意见，你不要情绪化，把你的话写到纸上。你不要说了这个又说那个，就说今天因为什么。'然后又跑到我这里说了同样的规则，最后她当裁判。

　　"我们被女儿分开后，互相发了短信做交流。半小时过后，两人一见面就都笑了。经女儿这么一折腾，我俩互相认了错，找到了发生争吵的根源。当时，我感觉自己还不如孩子考虑问题周全。"

　　不管是夫妻之间，还是亲子之间，要想让沟通变得简单且有效，家长就需要学会沟通的发报机原理和方法，遵从"时间延迟、空间分割、公约交换"的原则。孩子可以运用一些工具，比如录音机、录像机、照相机等进行真实记录，这可帮助家长进行有效的沟通。

# 避免冲突就需要闭上嘴，迈开腿

———

平常你说多了，家人会比较烦。只要你"闭上嘴"不说，家人的好奇心、关爱就一定会让家产生"改变的契机"。不信你可以试试。

人与人相处，难免会发生矛盾与冲突。有了矛盾、发生冲突，我们怎么解决呢？最根本的原理就是时间延迟、空间分割。时间怎么延迟，空间又如何分割呢？

我经常说的一个口诀是："闭上嘴，迈开腿。"

首先家长要学会闭上嘴。闭上嘴是指什么？其实就是不说话。

平常你说多了，家人会比较烦。只要你"闭上嘴"不说，家人的好奇心、关爱就一定会让家产生"改变的契机"。不信你可以试试，80%的正常家庭都是如此。

你"一下不说"，家人就会感觉奇怪，便会产生好奇心。

你"一阵不说",家人的目光便会投在你身上,开始注意和观察你。

你要是真的"一天不说"或"两天不说",家人尤其是孩子会有什么反应?

也许,家人就挺不住了。

孩子会想:"呦,我爸(妈)怎么了?爸(妈)与以前不一样了?不好,我们家要出大事了……"

由于你的行为"异常",孩子和其他家人的眼睛都会盯着你、瞄着你……

一两天,大部分的家人就都挺不住了。

家人会想:"这事不对劲。不是有什么情况了吧?他(她)为什么这样呢?也许我做错了什么……"

慢慢地,家人开始由"对外的观察"转为"对内的反省"了。

那你要是能保持"一段时间总不说"呢?那家人感觉就更不对劲了。

很多参与实验的家庭中都发生过这种非常有趣的事。那就是你平常唠唠叨叨,要求家人做他们不想做的事,却得不到结果,一旦你不说了,你想要的结果反倒悄悄地来临了。

许多家长学员都有同样的感叹:这事太奇妙了!

你要是再坚持一下,还不说,家人心里就更不踏实了,然后会主动找你交流。

平常只要你"一唠叨",不管你说什么,家人准是这个耳朵进，那个耳朵出，感觉"一切正常"。

而当你"一不说"时，家人就一定会将注意力放在你身上。

这就是家。因为"有烦"而不做，因为"有爱"才做。

所以，家一定要有"惊奇"和"危机"才能改变。

"不唠叨"是家改变的开始。

"沉默"是让家改变的契机。


沈阳的一位家长学员讲："我进家门，老公问一声'回来了'，我'嗯'了一声后就再也不说话了。平常我老公都不看我。我们一说话没几句就会顶起来，彼此都厌烦。我不说话后，他的眼睛就老看我，问我怎么回事。见我要下厨，他就说今天他做饭。多少天我要求他做饭都不做，今天却主动请缨。儿子经常看电视不愿意学习，说多少次都不管用，非得我吵几句才肯去做作业。我不说话后，儿子看了一会儿电视就主动关了，进屋去做作业了。"

不信你就试一试，这个方法在大部分正常的家庭中都会灵验。

道理很简单。俗话说：沉默是金，语言是银，无声胜有声。

然后，我们要迈开腿。记住：迈开腿才能空间分割，这是为了避免情绪冲突。当情绪不好时，处理冲突的较好方法就是空间分割。

家里经常会出现各种沟通冲突与情绪问题，怎么办？迈开腿！迈到哪里去呢？你可以先进洗手间，对着镜子，看看自己的脸好不好看。只要看到自己的脸好看了，你的不良情绪就算过去了，家人也就没事了。

迈开腿，你也可以到外面去找朋友聊一聊，逛逛商场，吃吃饭，喝喝咖啡……

以下是广州的一位家长给我的来信节选：

一次偶然的机会，我听了您的课后，便开始制定"家庭公约"。按照"家庭公约"流程，儿子在填写"我的心里话"时写道："我希望被女巫（妈妈）扔了的小皮球能够回来。"我心里暗笑，那个小皮球是我假装扔掉了，我把它藏在一个儿子找不到的地方。有个朋友来我家做客，指着墙上的公约，笑了起米。我又生气，又不好意思，一连好几天，我都想着那个"女巫"。

有一天儿子说很累，不想做作业，我又要冲他发火，突然想到"女巫"，还有您的话。我带着气跑到洗手间，对着镜子一看，忍不住笑了，原来自己生气的样子真的很像"女巫"。从那之后，我刻意控制自己的不良情绪……

学会沟通的方法，关键在于懂得原理，调整思维，找到工具，这样行为就会有所改变。行为改变了，就能减少一些伤害。

"闭上嘴，迈开腿"的目的就是让"时间延迟，空间分割"，这是处理生活冲突、管理情绪的好方法。

道理对不对？

情绪好不好？

方法行不行?

请你少提问题，多练习，不必空谈和质疑，练起来看!

一周后，你做到了，便知道了。

→ 只要家长多动脑筋，运用一些沟通技巧，与孩子畅通无阻地沟通就不难实现了。

→ 当孩子想跟你沟通时，你必须专心听孩子要对你说的话，必须为倾听孩子付出时间。如果你没有时间，就应该跟孩子说没时间。

→ 要想达到沟通的最佳效果，避免冲突，家长应该采用发报机的沟通模式，即发报机原理：你一句，想一想；我一句，想一想。

→ "闭上嘴，迈开腿"的目的就是让"时间延迟，空间分割"，这是处理生活冲突、管理情绪的好方法。

给 父 母 的 教 子 箴 言

# 第五章

# 家长会说话，
# 孩子才"会听话"

你可能不是天才，但可能是天才的父母。不少伟大人物的父母，他们自身的成就平平。你的孩子或许会有一个光辉无比的前程，那你该如何配合、辅助孩子，让孩子取得成功呢？

# 孩子真的不听话吗

家长在教育方面存在着重大误区，总是埋怨孩子不听话，其实不是孩子不听话，而是家长不会说话。通常家长说话都是随机的，不会考虑说话的环境、孩子当时的情绪，也不管说话的方式、方法，语气也不好。

我在接待家长来访时，大家常常说："我的孩子不听话……"

我便反问家长："你说孩子不听话，那么你会说话吗？"

许多家长很疑惑："我怎么不会说话呢？"

中央电视台少儿频道在我们"CPEP（中国家长教育工程）实验学校"对孩子进行过采访，目的是通过孩子的描述来了解家长是如何对孩子说话的：

孩子1（小学）：我爸妈常对我说的一句话是，学习要主动，不能老靠家长逼着学！

孩子2（小学）：我爸妈常对我说的一句话是，你别老看电视、玩电脑，得好好学习啊！要是以后考不上大学怎么办啊？

孩子3（小学）：我家长常说的一句话是，一定要在学校练好球，将来踢得好，还能当个明星呢！

孩子4（小学）：我妈妈对我说得最多的一句话是，好好学习。不好好学习，我就把你的电脑给砸了！

孩子5（小学）：我爸妈常对我说的话是，学习怎么样啊？赶紧写完作业，喝完酸奶，刷完牙，洗脚睡觉吧！

孩子6（小学）：我爸妈总爱对我说，孩子，如果你考不上重点高中怎么办啊？

孩子7（中学）：我妈妈经常对我说，你别老惦记着玩，现在好好学习，学好了以后什么都有了！

孩子8（中学）：我妈妈经常对我说，你要是不好好学习，长大了考不上大学，我可不管你！

……

以上都是孩子们重复家长常唠叨的话，这些话你是否感觉很熟悉？

你自己是不是也曾经说过？

类似的事是不是也在你身上发生过？

你对孩子的唠叨有多少是有效的？

家长在教育方面存在着重大误区，总是埋怨孩子不听话，其实不是孩子不听话，而是家长不会说话。

许多孩子不听话往往是由不接受家长的行为、态度而使得双方都情绪化造成的，并不是想惹家长生气。许多孩子对我说："我妈天天唠叨，耳根都生茧了，好烦！"家长长期不经意地说负面语言，孩子就会产生不良的心理阻碍和行为误差。其实在孩子看来，家长的很多话是没有意义的，是有劳而无功的。

通常家长说话都是随机的，不会考虑说话的环境、孩子当时的情绪，也不管说话的方式、方法，语气也不好，用的词也多为负面的词语。在这样的情况下，是孩子不听话吗？这样跟孩子说话肯定不行，成人之间用这种方式交流也是不可行的。因此，不是孩子不听话，主要是家长不会说话。

孩子不听话，原因有三：首先，"认为"不同；其次，"情绪"不对；最后，"动力"不足。

首先，"认为"不同，家长和孩子的认知没有统一。孩子往往不明白家长与他交流的内容是什么、为何这样做，但是家长却希望孩子按照自己说的去做，这就导致孩子反感，并且违心地做事。孩子从心理上认为家长不对，就会产生抵抗情绪。

家长都希望孩子能够名列前茅，但这只是家长的期望，不一定是孩子自己的心声。家长和孩子就好比是老板和员工的关系。老板总是期望员工做得更多，但由于条件的限制，员工的工作总是做不到最好。员工就会想："这是你想要的，不是我想要的。"这样做肯定达不到沟通的目的。同理，孩子的真实想法是，家长的要求与他自身的能力相差很大，他知道自己是做不到的，而家长"认为"的最终的学习成绩或结果只是家长所期望的，和自己没什么关系。这就需要家长给孩子解释的机会，让孩子拥有自己的主见，自主地去做事情。

如果家长能把自己的"认为"放下，跟孩子在"行为"上达到契合的话，家长便会在教育孩子方面有很好的"作为"。

其次，"情绪"不对。比如摔门而去，就是孩子的情绪化表现。其实，很多道理家长都懂，但就是说话方式不当，不但没有达到效果，还得罪了孩子。如果家长板着脸对孩子说"我很爱你"，孩子会认为这冷冰冰的语言是爱吗？孩子接收的重点只会放在家长的情绪上，然后才会关注家长说话的内容。有研究表明：在一次沟通中，70%是情绪，30%是内容。如果沟通情绪不对，那么内容就会扭曲。

好情绪是资本，坏情绪是成本。在家庭中，管理好情绪，经营好情感，成本就会变资本，情绪变效益。家长需要注意家庭中的情绪管理，掌握好"先心情，后事情"的沟通原则，这样才能很好地处理自己与孩子之间的关系。

最后，"动力"不足。现在，很多家庭的条件都比较好，不管孩子提什么要求，家长马上就会满足。孩子的愿望轻易得到满足，没有经历渴望的过程，就容易形成不懂得珍惜、没有耐性、不听家长的话的习惯。这就需要家长给孩子做训练，不要轻易满足他，延滞满足对孩子的成长很重要。

当孩子嚷着要喝可乐时，家长不要直接给他，也不要直接以"不能喝可乐"为理由拒绝孩子。家长可以这样说："宝贝，你渴了吗？咱们喝水行吗？"让孩子知道我们已经理解了他"口渴"的现实情况，给他提出建议。

孩子的目的没达到，可能会说："我就要可乐，为什么喝水？"我们接着说："可乐对身体不好。要不咱们跟爸爸（妈妈）、爷爷、奶奶商量一下，看能不能喝可乐？"商量过后，全家人都反对，孩子可能就会打消喝可乐的念头。

然后，我们再拿来两个杯子，一个杯子倒满白开水，另一个杯子倒五分之一的可乐，告诉孩子："要喝可乐，只能喝这么少；要喝白开水，是满满一杯，你来选择吧！"如果孩子真的口渴，那他肯定会选择白开水。孩子在需要和渴望之间做选择的时候，更容易理解家长的话，从而会更懂得珍惜。

此外，当孩子做事的时候，如果家长没有采取积极主动的鼓励措施，那孩子就不知道自己为什么要这样做，他会想：我凭什么要这样做？

河北一位五年级的学生琪琪对我说："齐叔叔，我并不是不听话，是我爸妈说话不算数。他们说我考试考到前五名，就带我去海底世界玩，结果好多次了，根本不兑现。现在他们说的话，我就只听一听，从不当真！"这里反映出来的问题，就是孩子对家长不信任。

　　孩子不相信家长说的话，是因为家长不能让孩子信服。这样的家长平时话说完就完了，很少兑现。他们还以为是孩子不听话，其实真正的原因并没有搞清楚。

　　因此，家长与孩子沟通要了解孩子的理解能力、注意孩子的情绪和状态，掌握沟通的艺术和操作方法，使用孩子听得懂的话、能接受的话、易感动的话交流，孩子自然会听话。

# 孩子不听话是因为家长不会说话

如果是家长没有把握好说话的时机，或者说了太多没用的话，那就不能责怪孩子不听话。

一对父母早上八点从医院回到家，刚进屋就听见六岁的孩子在客厅里玩游戏。这是孩子经常玩的一种游戏，需要把游戏机和电视连接起来的一种互动游戏。由于父母没在家，孩子玩的时候把声音调得比较大。看到父母回家后，孩子并没有停止，还是继续玩。

孩子的姥姥生病住院了，父母去医院陪床，一夜没睡，回家准备好好休息一下。一进门发现孩子在玩游戏，妈妈边换鞋边对孩子说："宝贝！别玩游戏了，老玩游戏对眼睛不好。"孩子也给了反馈，说："妈妈，再玩一会儿我就不玩了！"

　　妈妈从卫生间洗完脸出来，又对孩子说："宝贝，能不能把声音开小点呀？声音太大了！"

　　"好的，妈妈。"孩子也答应了，但只顾玩，并没有把声音调小。

　　爸妈喝了点水，吃了点东西，准备进房间休息时，妈妈走到宝宝跟前说："宝贝，咱们不玩游戏了好不好？你不是说再玩一会儿就不玩了吗？宝宝听话，宝宝不玩了，好不好？"

　　孩子说："不好！宝宝还要玩！你们一夜都没回家，没有陪宝宝。"

　　一听这话，爸爸立刻火了，用非常严厉的语气说："你这孩子，怎么回事啊？怎么就这么不懂事呢？姥姥住院，爸爸妈妈去医院一个晚上都没睡觉，你怎么就不明白呢？"

　　孩子一听这话，"哇"一声就哭了。孩子边哭边说："爸爸不好！我不爱爸爸！爸爸不好！我讨厌爸爸！"

　　一听孩子这么说，爸爸更火了："再闹，看我打你的屁股！"

　　孩子听到爸爸要打自己，一下扑到妈妈怀里哭得更厉害了。

　　这时，孩子的小姨过来了。她跑过去从妈妈怀里拉过孩子，对孩子的爸爸妈妈说："你们赶紧去休息吧！宝贝交给我。"

　　爸妈进房间后，一会儿工夫就听不到孩子玩游戏的声音了。妈妈从门缝偷偷往外一看，孩子正蹑手蹑脚地跟着小姨往他的房间里走。夫妻俩纳闷了：原本几次都说不动的游戏迷，在短短的几分钟内，竟然跟着小姨离开游戏机了！那走路的样子，明显是害怕打搅爸爸妈妈休息。

原来，爸妈回屋之后，小姨拉着孩子说："咱不理爸爸妈妈，我们一起玩游戏吧！小姨玩得比你好。"一听玩游戏，孩子立刻不哭了，和小姨一人一个操作盘玩起游戏来。刚开始玩的时候，小姨对孩子说："宝贝，声音太大了，把小姨的耳朵都震聋了。放小点声好吗？"孩子点头答应了。小姨立刻就把声音给调小了。

紧接着，小姨对孩子说："宝贝，我们不玩游戏了好不好？"

孩子说："不好！我要玩游戏！"

小姨接着说："宝贝，你知道吗？爸爸妈妈昨晚一夜没睡觉，特别特别累。他们一定要休息一下才能陪你玩，可我们玩游戏传过去的声音会影响爸爸妈妈休息。咱们不玩了好不好？"

孩子稍微停顿了一下，就把电视关上了。小姨看见孩子自己关了电视，就小声夸赞说："宝贝可真懂事！我们悄悄地到你房间里去玩吧。"

孩子看了一眼爸爸妈妈的房间，蹑手蹑脚地跟着小姨走了。


许多家长平时很少和孩子沟通，也不陪孩子玩。不了解孩子，不和孩子进行有效沟通，就经常会出现类似"孩子不听话"的现象。

家长所谓的"孩子不听话"在每个家庭中都会发生，但有些是完全可以避免的。因为孩子还小，所以基本没有准确判断是非的能力，做事只凭自己的喜好。如果家长不是一棒子打死，而是运用"标准"的语言，或者说"准确"而"有效"的语言，耐心引导，平等沟通，那孩子不听话的现象就会很少出现。

无效教育是指家长凭自己的喜好和经验随意指导或要求孩子；而有效教育是指家长坚持原则，坚持有规律地去要求孩子。如果是家长没有把握好说话的时机，或者说了太多没用的话，那就不能责怪孩子不听话。

当孩子犯了错，我们说："儿子，这是爸爸（妈妈）没教育好，是爸爸（妈妈）的错。"你观察下孩子的反应和表现，他肯定会很惊讶，感觉很奇怪，认为不正常，但他的内心一定是高兴的。当孩子因好奇而盯着你时，教育的时机便来了。要想让孩子听话，我们就要把孩子当成一个独立的个体来看待。


曾经有一位家长找我来解决孩子偷东西的问题："齐教授，您帮帮我，今天我发现孩子裤兜里有口香糖。之前他跟我要，我从来没给过他，一问才知道，他是在跟我去商店买东西时偷偷拿的。"

我问了一些情况后才知道，原来爸爸常常在孩子面前吃口香糖，看到大人边嚼边吹泡泡，孩子的口水都要流出来了，于是就跟家长要，可家长告诉他小孩不能吃，对身体不好。许多家长喜欢把自己的生活经验强行灌输给孩子，企图让孩子按自己的设想去生活。当孩子发现自己是"傀儡"时，他必然会寻找其他途径或进行反抗。

我告诉这位家长："不要着急，孩子不是想偷东西，应该只是出于好奇才这么做的。你回去后不要训斥孩子，先带孩子把钱付了。等孩子在自己房间玩得高兴时，在保证安全的情况下，你让孩子先吃一粒，满足他的好奇心，再跟孩子心平气和地沟通，还有以后家人不要当着孩子的面吃口香糖。"

后来这位家长给我来电话说："齐教授，果然不出您所料，是好奇心驱使他那样做的。孩子吃了一次后，觉得没想象中好吃，后来就不要了。"

家长应与孩子进行平等沟通，要注意周围的环境、条件，不能让孩子感觉有压力。比如沟通可以选择在一个彼此都熟悉的公园里、孩子的房间内或者一对一的场景中。如果在家长的书房，孩子可能会有"受训"的感觉；而在孩子的房间内，他会更有安全感。一对一沟通肯定比父母同时跟孩子沟通所带给孩子的压力要小。

有一年的元宵节，我们全家人一起吃汤圆，孩子手舞足蹈，非常开心。我爱人怕他弄得到处都是，提醒他坐下来别乱走。结果我们在做其他事情时，他自己拿着勺子举着走，"哗"的一下全洒地上了。当时我爱人很生气，大声说："你看看，边吃边玩，不让你走，就是不听话……"结果孩子一下就不说话了，站在那儿哭。

我把孩子拉到卧室，安慰了几句，孩子委屈地对我说："爸爸，我不是玩，我是想给妈妈吃的……"

听到这儿，我心里很难受，赶紧蹲下来对他说："对不起，妈妈不知道你是给她的，错怪你了。"

接着，我又心平气和地说："以后不管拿给谁，做事情都必须小心。"孩子用力地点了点头。

类似这种情况还有很多。当孩子做事情时，我们作为大人可能考虑得更多的是他们的行为是否符合我们的要求，反而忽略了孩子内心的出发点，没有给孩子一个解释的机会。

在沟通中，家长要多让孩子讲话，别总打断孩子。孩子说得多了，就会说出自己心里想的事情，家长掌握的信息就相对准确。而且，等孩子说完了，家长再说，这时孩子的感觉就会有所不同。可是，多数家长喜欢自己先说，不给孩子说话的机会或总是打断他。孩子一旦没有了表达的欲望，就无法沟通，更别提平等沟通了。因此，平时家长要支持孩子多说，哪怕是自己不感兴趣的话题也要倾听，用"嗯""啊"或者用沉默的方式，再或者用眼神来支持孩子说。

在与孩子沟通时，家长一定要有耐心。即使孩子说错了，也不要生气，而应该给孩子申辩的机会，帮他分析错误的地方，引导他最终做出正确的选择。

# 口头禅才是真正的念力

有什么念头，就会有什么力量。我们常说的口头禅便是孩子潜意识中的念力源，而念力是有正负之分的。

平常孩子出门上学时，你一般会说哪些话？

"要好好学习……"

"要认真听讲……"

"别搞小动作……"

孩子放学回家后，你第一句话经常说什么？

"今天有没有听话……"

"作业做完了吗……"

"有没有搞小动作……"

我们来反思一下，这些话有用吗？是不是有时不但没起好作用，还会引起反感和不愉快？那为什么我们的善意提醒起不了作用？

很多女性想让老公早点回家，常这样命令："别在外面闲扯、瞎混……别跟不三不四的人在一起……"她们说的可能是没发生的事，但这样说会提醒她们的老公——人都有逆反心理：反正也是被你唠叨，我干吗不去做呀？这样做只会把人的念力给激发起来。而且，我们经常会有一些带有指责性的负念，这些负念因为带有"不信任信息"，很容易让孩子、家人反感。

口头禅已成为我们生活中的一部分。口头禅才是人生最真实的意识教育和情绪管理工具。

有什么念头，就会有什么力量。老百姓常说："怕什么来什么，说什么有什么！说你行你就行，说你不行你就不行！"由此可见，口头禅的存在是有一定道理的。我们常说的口头禅便是孩子潜意识中的念力源，而念力是有正负之分的。

犹太人教育孩子的第一个方法就是进行正向引导。他们的口头禅是：你今天高兴吗？玩得开心吗？……这些积极的问题会给孩子一个正向激发，让他感受到更多的关爱与乐趣，在快乐的家庭氛围中成长。

因此，家长在教育孩子时，要用正面、积极的口头禅给孩子一个好的引导、好的情绪、好的祝福、好的鼓励，做正向加持。务实的教育改变，应从"改口头禅"做起。

当与家人发生冲突时，我们习惯说"你要怎么怎么样""你就是怎么怎么样""你老是怎么怎么样",这些负面、责备的语言谁都不爱听。

如果换成"我想怎么怎么样,你看可以(行)吗?"与家人沟通,会让家人特别是孩子感到被尊重,从而容易且愉快地接受我们的想法、建议,还会积极地与我们沟通,尽力满足我们的需要。我们要养成这样的说话习惯:不下结论,用商量和征求意见的口吻。

人的改变大多会受到环境的影响,人在"身临其境"时最容易改变,但环境是在不断变化的,坚持做出改变是不容易的,因此制造一个"心存其念"的内环境非常重要,这就是教育的"升温与保温"的结合。比如有的家长听了我的讲座后感触颇深,暗下决心一定要自我改变,但往往是坚持三天就打回了原形。这些家长受教育时能够升温,但日常生活中很难做到保温,因此需要建立学习型家庭公约组织。


每天早晨,在与家人及同事见面时,请问候"早上好"。送家人或客人出门时,请祝愿"一天愉快"。这种温馨的话语和文明的用语习惯,会帮助我们营造出和谐的气氛和良好的人文环境。我们每天都坚持,就会把爱传出去,将幸福带回家。

晚上回家进门时,你要说:"××,我回来了。"应养成"先称谓后报到"的打招呼习惯,如"老婆,我回来了"(语音上扬)。每一次回家进门时,都是你与家人交流的新开始。一句称谓，一声报到，便能营造出良好的家庭气氛。这种"人未见，声先到"的打招呼习惯，会让家人对你有一种喜悦的期盼和良好的交流心情。这种良好的家庭文化，本属于中华民族优秀传统文化，现在却被我们忽略了。因此，家长有责任教会孩子这样打招呼，传承优良中华文明，建设和谐家庭与社会。

晚饭前后，你应养成"对家人说一句'晚上好'，道一声'一天辛苦'"的习惯。这种良好的习惯会拉近家人间的心理距离，让家人感到温暖。道一声辛苦，会使家人觉得一天的辛苦付出非常值得，从而产生更强的奋斗力与爱家的动力。

每天睡觉前，你应养成"对家人说一句'晚安'，道一声'做个好梦'"的习惯。这种良好的习惯会使家人心理安稳并愉快地入睡，对家人尤其是孩子的身心健康及睡眠质量极为有益。

以上这些良言都非常简单，我们只要去做，就一定能体会到每天说这些话具有一种力量，体会到"念力"的神奇作用。

# 家长的"三借"智慧

教育不是简单的说教，而是需要去经历和体验，这就需要家长用孩子能理解的经历来教育孩子。

你可能不是天才，但可能是天才的父母。不少伟大人物的父母，他们自身成就平平。你的孩子或许会有一个光辉无比的前程，那你该如何配合、辅助孩子，让孩子取得成功呢？

这就需要我们有"三借"的智慧，也就是说家长要学会借外脑、借外力、借外景。

第一，借外脑，就是邀请专家或家庭顾问参与分析问题，得出客观、正确的判断，并制订可操作的计划逐步改进。我们可咨询专家、学者，也可找身边水平高的家长与之交流。你或许有财务顾问、法律顾问等各种各样的顾问，但你有没有家庭顾问呢？

中国家长会让孩子认干爸或干妈，而西方家长会为孩子拜教父、教母，这些角色在教育孩子方面也确实起到了一定的作用。比如孩子与家长闹矛盾后离家出走，大多会去找干爸或干妈发牢骚减压，情绪会变好一些；而干爸或干妈会站在孩子一边，了解孩子的心事，从而获得信息，然后与家长一起想办法，大家配合一起"演戏"。这是从心理学角度考虑，先掌握信息再"演戏"，最终帮助孩子解决问题。

第二，借外力，就是根据孩子的特点，在家庭顾问的指导下组成同伴学习小组，让他们互相促进，同时家长要学会和身边的家长搭台"演戏"。平时教育孩子时，尽管你用足了劲，但孩子还是跟你拧巴着，教育效果可能是零或负数。如果你学会了借外力，引导孩子就会变得容易些。俗话说，外来的和尚好念经。有时候"外人"的功能是家长无法替代的，因为孩子太了解家长，不仅知道家长的优点，而且能看到家长的缺点。

第三，借外景，就是借助外面的事物或环境进行体验教育，不同环境及不同的人事物能有效提高孩子的接受强度与改变力度。教育不是简单的说教，而是需要去经历和体验，这就需要家长用孩子能理解的经历来教育孩子。

我在芝加哥有一位朋友，他有两个女儿，小女儿四岁，在美国出生。有一次我去他家做客，在我们聊天的时候，电视中出现了为非洲难民捐款的画面，很多非洲小孩瘦得皮包骨头。我的朋友觉得此时是教育的最好时机，于是喊："琳达，你快过来看看。"小女儿就跑过来。

"你看看你多幸福。非洲小朋友都没有吃的，瘦成了这个样子……"我的朋友认真地对小女儿说。

这个小女儿很认真地想了半天，过了一会儿跑到我旁边，怕爸爸说她，小声对我说："大辉叔叔，非洲小朋友为什么会挨饿？冰箱里有牛奶、面包，他们怎么不去拿啊？"她眼中的世界没有贫穷、饥饿，所以她会有这样的疑问。如果把城里的孩子带到偏远的农村地区体验三天，他们就什么都明白了。现在大多数孩子都在父母的精心呵护下长大，很少有机会去体验艰苦生活，因此根本不知道生活的艰辛。

大连的一位家长给我发来一封邮件，谈她的学习感受：

我的孩子上初二，上学期期末考试成绩非常差，考了年级第二百名，这是最差的一次。于是，我采用了你所讲的"三借"中的借外景，亲自带孩子去北京参观，行程共计十天。当第七天参观清华大学的时候，孩子对我说："妈妈，我们哪儿也不去了，回家学习吧，什么也别说了。"旅行回来以后，孩子表现非常好，开始自觉学习。

后来，孩子的学习成绩升到了一百多名。再考试时，他又从一百多名跃到五十多名。

每个孩子都有自己的天赋潜能，只要家长正确引导、配合、辅助，巧用"三借"智慧，就能更好地激发孩子的潜能，帮他们更好地成长。

→ 家长与孩子沟通要了解孩子的理解能力、注意孩子的情绪和状态，掌握沟通的艺术和操作方法，使用孩子听得懂的话、能接受的话、易感动的话交流，孩子自然会听话。

→ 在沟通中，家长要多让孩子讲话，别总打断孩子。孩子说得多了，就会说出自己心里想的事情，家长掌握的信息就相对准确。

→ 家长在教育孩子时，要用正面、积极的口头禅给孩子一个好的引导、好的情绪、好的祝福、好的鼓励，做正向加持。务实的教育改变，应从"改口头禅"做起。

→ 我们要养成这样的说话习惯：不下结论，用商量和征求意见的口吻。

给 父 母 的 教 子 箴 言

# 第六章

# 孩子叛逆的
# 不是家长

如果家长管教出现错误，而且没
有认识到自己的错误，那么孩子
将会一辈子受到这种错误管教的
影响。如果孩子能认识到这个问
题，那么他一定会反抗。

# 孩子叛逆的是家长错误的管教方式

很多家长没有做好准备就当上了父母。这个准备，不是婚前检查，也不是提前买房子、买车子，而是做合格父母的知识准备。

我们很多实验学校里的同学称自己的父母是"弱智""蛋白质"。我问他们为什么，其中有一个男孩子这样说："我妈妈天天盯梢，一次放学后又被我察觉到了，这时旁边是图书馆，于是我就装模作样地进了图书馆。我妈妈见状如释重负。其实我穿过图书馆，从后门溜走，出去打球了。几个小时后回到家，妈妈以为我到图书馆学习了，晚饭时多加了一个菜、一个汤。"

孩子叛逆，究其原因是家长在管教孩子方面存在严重问题。这些家长都是没有做好准备就当上父母的。这个准备，不是婚前检查，也不是提前买房子、买车子，而是做合格父母的知识准备。没有知识准备与实践修行，家长在管教孩子方面就会犯很多错误。

孩子叛逆的不是家长，而是家长错误的管教方式。孩子的教育是一次成型的，是不可逆转的。

面对当天、当时的某一个事情，如果家长管教出现错误，而且没有认识到自己的错误，那么孩子将会一辈子受到这种错误管教的影响。如果孩子能认识到这个问题，那么他一定会反抗，只是有的表现得激烈，有的表现得平和而已。

有一次，我在大连培训时，让学员填写"家庭公约"。我们的"家庭公约"中设有一个栏目叫"我的心里话"。一位初二的女孩在上面写的是："我最讨厌放学爸妈来接我。"她爸爸是一名军人，立马就站了起来。因为我在场，所以他控制住情绪没发火。他对女儿说："你真没良心，我和你妈从幼儿园到现在，风雨无阻，接了你这么多年，你不但不感恩，还认为是最讨厌的事，你这叫不孝，真让我们伤心。"妈妈在一旁也有点哽咽了。

我说："您让孩子好好说，把话说完。她好不容易才有勇气将'心里话'写出来。"

我问这位女孩："姑娘，上幼儿园的时候，爸妈接你，你高兴吗？"

她说："那时候我特别高兴。"爸妈一听，觉得当时的付出是值得的。

我又问："那小学呢？"

她说："也高兴，我们都盼着爸妈早点来接我们，那时我爸妈都特别准时，不像其他孩子的爸妈，我们走了，有的同学还在那等着。"此时爸妈听了，心情略微好了些。

我接着问："那什么时候开始感觉爸妈接你让你不开心了呢？"

她说："我现在上中学了，都长大了。在班里学习一天都累了，放学后，我想跟同学们交流一下，玩一会儿或聊聊天，放松放松。可是我刚出教室门，我爸妈还是那么准时地在那等我，还不准我迟到，尤其是我爸爸时间观念很强。现在只要我爸妈一来，同学们就起哄，谁谁爸妈又来了。我没有自由，也没有跟同学们交流的乐趣，同学们还笑话我，让我感觉很不舒服，有点伤自尊。"

人生分为许多阶段，每个阶段会有各种不同的需求与问题。我们教育孩子也要分阶段地调整我们的态度和方法。

我转向家长问："现在听女儿这么一说，你能理解孩子了吗？"

父母点头说："好像有点道理。"

我说："那从明天开始，让孩子自己回家。这么大的姑娘了，有必要天天接吗？"

妈妈说："主要是不放心。"

我说："孩子大了，又跟同学们在一起，没什么不放心的。让孩子自己回家，你们也免得烦心。你们夫妻可以去逛逛商场、看看电影……"

这样事情通过"家庭公约"就算解决了，大家都接受了。孩子开心，家长省心，既给了孩子自由，大人也得到了放松。

目前，多数家长只按照自己的方式粗暴地管教孩子，给孩子身心都造成了伤害。这样的方式不论是在孩子幼时，还是在青春期，都会遭到孩子反抗。只不过这种反抗小时候表现在情绪上，长大了表现在行为上。孩子幼小的心灵，只有靠家长精心呵护才能健康发展；孩子纤弱的身体，也只有靠家长用心养护才能茁壮成长。

还有的家长，只会按照父辈教育自己的方式来管教孩子。社会发展日新月异，孩子面临的是一个新的社会。客观地分析，从父辈那里学来的管教方式有些是正确的，但有些明显不合时宜。如果家长全盘照搬，不加以区分，用一些过时的方法和观点来管教孩子，孩子肯定会叛逆。孩子之间是有比较的，当过时的观点被小伙伴们嘲笑时，孩子的叛逆心理便会随之产生。

教育孩子是一项非常复杂、非常重要、非常细致、非常神圣的工作，而孩子又是一个相对独立且不同于任何一个人的特殊个体，如果我们管教的方法不对，或管束太严，或过于溺爱，都会招致孩子反抗。不论是从父辈那里继承的方法，还是从书上看到的方法，不论是从朋友那里学到的方法，还是花了时间、精力从各种主题讲座上听来的方法，可能对教育孩子都没有太大的作用。只有家长细心研究自己的孩子，找到孩子的特点，有针对性地进行正确管教，并且结合孩子的主观能动性，发挥孩子的特长，效果才会显著。

# 打了，骂了，就不欠了

——

孩子有一个普遍的认知：打了，骂
了，就不欠了，所以教育滞后往往更有
效果。


孩子能不能打？

几乎所有的家长都认为孩子可以打。

你打过孩子多少次了？

打完是越来越好，还是越来越坏？

如果打了还不起作用，那请你就此罢手吧！孩子已被你
打皮了。

问题不在孩子，关键在你的教育。

在孩子犯错前，你提醒过吗？教孩子怎么做了吗？孩子
知道怎么做会犯错吗？你告知孩子避免犯错的方法了吗？再
往前一步，在孩子做这件事之前，你们的亲子关系处理得好

吗？孩子的情绪怎么样？你给孩子提供的条件怎么样？这件事孩子以前做过没有？……这些问题，都是你事前应该思考的。

有一次，广州某幼儿园园长在晚上十一点给我打电话："齐教授，不好了，我的女儿离家出走了。因为她染了几缕红头发，我老公教训了几句，还打了她，可能有点过分，这孩子就摔门走了。我动员多人去找，已经知道她在一个网吧。"

我问："那你想怎么办？"

她说："网吧肯定不好，我想找人把她带回来……"

所有的家长都是爱孩子的，担心着孩子的安危。这时这位妈妈的大脑中不断涌现出各种想法，不知到底该怎么办。

我先问了一些问题——孩子平时的表现、生活习惯、好朋友的情况等。我跟她讲："我判断不会出什么大问题，你不要担心她在外面怎么样。她既然走了，你就让她好好在外面待几天。你要是真把她带回来，那等下次再走，估计想找也找不到，那时候可能真会出问题。你只需跟她保持联系，不断发信息，信息内容要简单，一定要关心孩子：'都好吗？别着急，气消了，就回家！'其他的不要说。"当妈妈的都爱孩子，但往往一着急就说负面词语，也最爱哄孩子，一哄就坏了，要用"不言"进行关怀。这位妈妈按照我说的方法，天天跟孩子保持联系。

面对已经造成的错误，如果能弥补，应抓紧时间和孩子一起来弥补；如果不能弥补，那打孩子也无济于事。面对无法挽回的错误，家长要让孩子"长记性"，不一定非要通过暴力，完全可以采用其他的办法。

要让孩子"长记性"，家长可以通过和孩子一起弥补错误的方式来增加孩子对错误结果的认知。如果错误不能弥补，家长还可以和孩子一起分析错误所造成的严重后果，以此加深孩子对错误行为的认知。家长要让孩子学会承担责任，为自己所犯的错误负责，这样，孩子肯定会"长记性"。

孩子还小的时候，禁不住打。当孩子能经受打的时候，他已具有一定的思维模式，能够独立思考问题。孩子会想：一是我犯错了，二是爸爸妈妈打我了，我们两清了！我也不欠爸爸妈妈的了！错误和我没关系了！孩子再大些，更不能打。一打，孩子有可能会从家长的视野中消失。

过了几天，这个园长给我打电话说："女儿发信息跟我要钱，说她这几天的开支都是借同学的钱。齐教授，我要不要给她？"

我说："孩子在外面遇到困难就一定要给。要多少钱？"

她说："五百元。"

我说："从数据上判断孩子很安全，五百元说明孩子在外面过得还是很谨慎的，在外面玩玩游戏、吃住差不多也就花这些。"

后来孩子又发信息说想回家了。园长急忙打来电话感谢我，并说要去接女儿。我告诉她："孩子犯了错，让父母这么担心，千万不能去接她，让她自己回来。你回个信息：'好，欢迎回家。'不要为了女儿回来，忙着做好吃的。你要正常六点回家，让她爸爸八点以后再回家。告诉孩子她的行为没什么，只是属于成长的烦恼，父母也没把她当回事，她该干什么干什么。"

孩子回来后，见妈妈像往常一样做事情，爸爸不在家，有点局促不安。过了一会儿，妈妈才跟她说话，见她戴了个帽子，让她摘下来。这一摘妈妈又傻眼了，女儿剃了个光头。这个园长又赶忙给我打电话说明情况，担心父女俩再闹矛盾。

我给她分析："你先给先生打预防针，告诉他情况，他如果有情绪就先不要回家，等心平气和时再回来。孩子这几天脱离你们的管教，不在你们的监督下，你想一想，她出去肯定先赌气，认为打都打了，你们接受不了染几缕头发，那干脆把头发全染了，过把瘾来解气。后来想回家了，觉得头发不好，又没有钱，销毁不了'罪证'，怕你们再说她，干脆就把头发剃光了。你问问孩子是不是这样。"

一番询问后，女儿说怀疑妈妈跟踪她，妈妈告诉她是我分析的。女儿说齐教授分析得一点儿也没错，还跟妈妈道了歉。

我又跟孩子父亲沟通："孩子剃头的行为是不好，但出发点是好的，是为了不让你再生气。孩子犯了错，不知道有什么更好的解决办法，这时需要的是家长的引导和帮助，而不是责骂。如果你再打骂孩子，孩子表示服输了，这也只是表面现象。

"孩子内心会想：爸爸妈妈思想太顽固，跟不上时代发展，为这点儿事还打我，是不是不爱我了？口口声声说打我是为了我好，是不是为了家长的面子呢？我也有做对了的时候，怎么不奖励？……正面的、负面的想法都有，但更多的是负面的想法。而负面的想法，只会让孩子做出更加令你伤心的事……

"打了，骂了，就不欠了！这就是孩子的思维方式。

"既然已经犯错，你就应该平心静气地处理后续问题，用以往的态度和情绪来对待孩子，而且对孩子要比之前更好，让孩子感受到你的宽广胸怀和博大的爱。让孩子服气和感动，为犯错而内疚，这样孩子就会暗下决心：不再犯同类错误，下次一定努力做到最好。孩子感动了便会自然而然地往你引领的方向上走。你要让孩子感动，才能让孩子真正改变。"

于是，爸爸有备而回家，关心地问了女儿一些问题，但始终未提她离家出走的事。女儿心里感觉愧疚，几次欲言又止，感动地流下了眼泪。后来这孩子就跟换了个人似的，既孝敬父母，又好好学习。

你有没有遇到过这种情况？孩子犯了错，由于你当时工作忙或心情好而没有马上打骂孩子，孩子反而表现得特别好。比如，让孩子晚饭后尽快去学习，许多家长经常就这事与孩子发生冲突。平常，孩子得看看电视，玩一会儿才去学习，如果你当下没批评，孩子往往会主动去学习，你的宽容也就收到了孩子良性的回报。

孩子有一个普遍的认知：打了，骂了，就不欠了，所以教育滞后往往更有效果。虽然孩子感觉很侥幸，但还是会不安，你的态度会使他愧疚，孩子认为自己理亏，自然会把后面的事情做好。当孩子被感动或感觉惭愧时，他就会自觉改变行为来补偿家长的苦心。

教育是一种充满智慧的引导艺术，家长在教育孩子时不要随便打孩子，不做当下教育，领悟"教育滞后"原理，用正面的语言、良好的情绪，耐心地帮助孩子分析问题，引导孩子产生奋发向上的动力。

# 孩子需要的不是指责，而是帮助

当你说孩子存在"不认真""很马虎""上课不专心听讲""写作业慢""很聪明但是不好好学习"等情况的时候，你有没有问过自己："我之前是否教过孩子正确的方法？""我是否明确知道如何指导孩子去做？"

有一次，在上海培训时，一位家长对我说："齐教授，我家孩子四岁了，我每天早上上班孩子都不让走，这件事让我非常头疼，我用过很多办法也无济于事。"

我问她："你都是怎么做的呢？"

这位家长说："我表扬、批评、讲理、打骂都试过，跟孩子说'妈妈要去上班，给你挣钱。你是个乖孩子，要做个男子汉，要自立……''你怎么这么不听话，妈妈是去上班，不能带你……''你都四岁了怎么还这么不懂事……''你要再这样，妈妈就不理你了……''再不听话，我就打你了……'他每天早上都要纠缠半天，最后我强行把他留给保姆，自己去上班。"

《论语》中说："不教而杀谓之虐，不戒视成谓之暴，慢令致期谓之贼。"意思是，对民众不进行教化便加以杀戮，这种做法称之为虐政；对民众不提前申明，只根据现状进行惩罚，这种做法称之为暴政；对民众法令松懈，却让他们事事做到让自己满意，这是强盗行为。

这位家长不了解孩子哭闹的真正原因，犯了"不教而杀"的错误。不过这里的"杀"指的是打、骂、训、吓等，这些方法显然是行不通的。

了解了孩子的一些情况后，我才知道孩子在四岁之前一直在老家由爷爷、奶奶照顾，现在孩子刚与父母一起生活没多久。我告诉这位家长："孩子之所以哭闹，是因为他害怕'爸爸妈妈出门后再也不回来了'。你一走，孩子又会想起之前被父母'抛弃'的情景，缺乏安全感，这种感受他又不会明确地表达，只能通过哭闹来达到目的。

"你可以买一个大的挂钟，挂在墙上。对孩子说'妈妈要去上班，要去挣钱'，他听不懂，你可以这样说：'宝贝，妈妈会在六点半回来，这两个一长一短的指针都指到六的时候，妈妈就回来了。'"

第一天，孩子将信将疑，不时地看看钟，发现两个指针都到六时，妈妈果然回来了。有了公约目标，孩子相信了，心里就平静了。就这样过了一周后，孩子不再哭闹了，因为他知道妈妈出门后一定会回来的。

孩子犯了错，需要家长的理解、包容和帮助，而不是无休止地"动嘴"，只动嘴就是"虐待"孩子。

不教而打：家长不教孩子怎么学习，但看到孩子学习成绩不好时就动手打孩子。

不教而骂：家长自己都搞不清楚什么是认真，却按自己的错误标准骂孩子不认真。

不教而训：家长不告诉孩子避免犯错的方法，而孩子犯了一点小错就训斥孩子。

不教而吓：家长不教孩子游泳，只会指着没过小腿的溪水吓唬孩子"千万不能下去，下去会淹死的"。

还有"不教而指责""不教而威胁""不教而嘲笑""不教而羞辱"等，都是家长惯常的做法。当你说孩子存在"不认真""很马虎""上课不专心听讲""写作业慢""很聪明但是不好好学习"等情况的时候，你有没有问过自己："我之前是否教过孩子正确的方法？""我是否明确知道如何指导孩子去做？""自己不胜任，有没有请过帮手？"

以家长常挂在嘴边的"认真做事"为例，很多孩子并不清楚怎样才算认真。西安一位四岁男孩的妈妈每天吃饭前都要求孩子认真洗手。孩子洗完手到餐桌前时，她总问："洗干净了没有？""洗干净了。"孩子回答。"那吃饭吧。"

妈妈很满意。

一天中午，妈妈无意中发现，孩子是在马桶洗的手！她惊呆了，大发脾气。到了晚上情绪平静下来，她便和孩子沟通这件事。孩子说："高（洗手盆）的是你的，低（马桶）的是我的，你不在的时候我就用低的洗手，那水也很干净。"

家长无数次重复命令，却无法给孩子以精确的指导，"认真"也就成了无用的话，不仅对孩子的成长没有促进，反而让孩子无所适从，越来越糊涂。

我们只是把"认真"挂在嘴边，却很少落实到"行为"上，这就导致很多孩子要么从来就没有搞清楚过什么是"认真"，要么就是认认真真地"不认真"了一辈子。孩子需要的不是指责，而是帮助。家长应从点滴生活做起，在方法、程序上下功夫。

有位家长送孩子去上学，在幼儿园门口遇见老师时，只听到孩子"嗨"一声就敷衍过去。这时，这位家长马上叫住孩子，告诉孩子应该如何礼貌地跟老师打招呼，告诉孩子正式的问候和随便打个招呼给人的感觉是不一样的，并鼓励孩子认认真真地说："老师，早上好！"孩子听了之后点了点头，大声对老师说："老师，早上好！"此时老师面带笑容地答道："宝贝，早上好！"

这位家长及时纠正了孩子的不礼貌行为：首先，明确告诉孩子正确的做法；其次，在对孩子强化"礼貌"概念的同时，也告诉孩子礼节背后的道理，从而让孩子知道自己的行为既可以带给别人快乐，也可能会伤害别人。

　　家长教育孩子就是要给予孩子有效帮助，因此需要精确的教育，需要可操作和反复练习的方法，这对孩子来说是一笔宝贵的人生财富。

# 教育孩子的重要原理之一——钟表原理

人的大脑要反复接受刺激，才能形成行为习惯，这样一来，一个孩子的行为形成以后你再去校正就会很难。

我们曾做过一个跟踪调查：

开家长会时，我们把摄像机对着校门口，拍摄家长陆续往外走的情景。后续进行问询走访得知，如果家长闷闷不乐，走路很急，攥着双拳，回到家里肯定会训斥或打骂孩子；如果家长面带笑容或悠闲自得地往外走，回到家里肯定会表扬孩子……

这就是家长的行为写真。孩子的表现都写在每位家长的脸上。

此时此刻我们需要知道一个原理——钟表原理。当孩子被罚了或成绩下降了的时候，很多家长看孩子到了3点的位置

一次管一生的教育

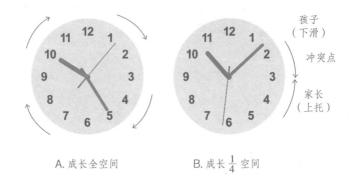

A. 成长全空间       B. 成长 $\frac{1}{4}$ 空间

图 6.1 　钟表原理

就开始着急了，赶紧补位、顶上，于是孩子仅能在1/4的空间里成长。然后会怎么样呢？我们天天扛着表针，孩子天天压着你，两人就在这个位置天天较劲，双方都非常累。我们不应阻止孩子的成长，要允许孩子犯错。如果我们遵循钟表原理，把孩子放下，让他自己往下走，你会发现，经历了"成长全空间"的孩子，很快就能到达12点的顶峰位置。但是，如果我们不给孩子真正的成长机会，一味地追求12点的位置，那孩子可能会发展成一个不健全的人。

经验不能替代，过程不可超越。孩子在这个地方（即3点的位置）的时候需要家长多鼓励，少表扬。表扬是讲结果，鼓励是讲过程、状况，这完全不一样。

有一位家长是省妇联儿童部部长，她天天接触家长教育方面的内容，比较了解教育原理。在她儿子三岁多的时候，因夫妻二人工作都较忙,她从老家请了一个很好的小保姆帮着带孩子。保姆对孩子很好,孩子也非常喜欢她。因此这位家长很高兴,也很信任地把孩子交给保姆照顾。

他们小区后面有一个花园。周末的时候,夫妻俩常带孩子去花园散步。以前只要一出去,孩子总是不愿意回家,看外面的天空、景色、行人等。可最近不一样了,他们带孩子出去,孩子不看景,也不看人,只看地,就像一只小狗似的好像在搜索什么东西,脑袋一直低着看。爸爸让孩子把头抬起来,可孩子抬起来一会儿又低下了,爸爸就很生气。但妈妈懂得钟表原理,她想观察孩子到底要干什么。

一般家长会进行当下教育,就是告诉孩子抬起头。如果这样做了,家长就无法知道孩子到底要干什么。遇到这种事情,正确的做法就是家长要仔细观察孩子,然后找出原因。这位妈妈没有犯当下教育的错误。爸爸总是提醒孩子抬起头来,可妈妈说别提醒,看看孩子究竟要干什么,如果你做了当下教育,你就永远也不会知道他想做什么了。

走着走着,孩子发现了易拉罐,异常兴奋,然后跑过去,很娴熟地"啪啪"踩了几脚,把易拉罐踩扁,然后捡起来放进兜里。爸爸气坏了,其实妈妈也生气,但妈妈不吭声,仔细观察着孩子的举动。

此时,家长才知道,原来孩子是在找易拉罐、塑料瓶,然后把它踩扁,再捡起来放在口袋里。孩子把脏兮兮的易拉罐踩扁往兜里装,一般家长这时候就会发脾气,那么家长就不会知道孩子下一步要干什么了。

妈妈一直观察着孩子，直到孩子把两个兜都塞满了。孩子说："爸爸妈妈，我不玩了，咱们回家吧。"本来爸爸想教育孩子，但他懂得要配合妻子，就带孩子回了。结果孩子一到家，马上跑进储藏室，赶紧打开一个储藏柜，非常兴奋且很有成就感地把易拉罐往里倒。此时家长才发现储藏柜里已有一堆易拉罐和塑料瓶子。紧接着，孩子手都不洗就跑上楼，边跑边喊保姆："姐姐，姐姐，我又捡了两兜儿。"保姆很高兴，就给了孩子两个糖果作为鼓励。

爸爸看到这一切非常生气：第一，出去玩，搞得这么扫兴；第二，把这些脏东西带回家；第三，家里有很多吃的，孩子都不要，就要保姆给的糖，并且还吃得津津有味。为什么呢？

孩子重视的是谁在意他。其实家里有什么东西孩子并不在乎，他只在乎关照。多数家长都是在照顾孩子，但真正关心孩子的却很少。

妈妈怕先生跟孩子发生冲突，就让先生到别的屋子里去，她单独跟孩子聊。她说："儿子，咱们家那么多糖你都不吃，为什么吃这个糖呢？"

孩子说："这个是姐姐给的。"妈妈知道孩子已经信任保姆，喜欢保姆，愿意帮保姆的忙，让保姆高兴，孩子在意的是保姆的认可和鼓励。

平时孩子做什么事情，家长常常会阻止，并说不能这样、不能那样。你不认可孩子，他没有成就感、不高兴，就会跟你对着干。

保姆是家里的亲戚，会卖点废报纸、旧瓶子额外增加收入。保姆这么做也没错，但她一出来就捡易拉罐，孩子看见了，也就跟着一起捡。保姆的眼神扫着地，孩子就会跟她学，也扫着地。这就是大人的行为与孩子的习惯养成之间的模仿关系。

这里面有一个很重要、简单且实用的口诀：看下一步干什么——看下一步干什么——看下一步干什么——看下一步干什么。其实就是"看下一步干什么"的四乘四，也就是"钟表原理"，即钟表的四个区间——0点到3点，3点到6点，6点到9点，9点到12点。人生要圆满，必须画一个又一个的圆圈。

妈妈懂得"四乘四"的钟表原理，最后找到了真实的原因。这个妈妈非常理智，认为不能让保姆再带孩子了，不然将来孩子的行为会有问题。于是她对孩子爸爸说："孩子没错，也不是保姆的错，她带孩子很好。她愿意捡这些东西多点收入挺好的，但是会直接影响到孩子，咱们还是自己带孩子吧。"之后他们把保姆送回了老家，自己带孩子，一点点儿教孩子。经过半年多的时间，他们才把孩子喜欢看地的毛病给纠正过来，孩子才把捡易拉罐的事情给忘掉。

人的大脑要反复接受刺激，才能形成行为习惯，这样一来，一个孩子的行为形成以后你再去校正就会很难。如果把孩子比喻为一台崭新的电脑，那么家长给他输入的原始程序就很重要，因为这会影响到以后的运行速度。

当孩子出现问题的时候，家长要学会观察，分析问题时从环境入手，懂得运用"钟表原理"，利用公约工具和口诀解决问题。

# 认为 ± 行为 = 作为

我们家长主观的"认为"往往能够影响和决定孩子一生的"行为",两者互动相加减就是一个家庭真实的"作为"。

我们先做一个测验,看看下图中的大象有几条腿?

我们进行过现场测试统计,有的人认为这个大象有四条

图 6.2　大象

腿，有的人认为有五条腿，也有人认为有六条腿、七条腿，还有人认为有八条腿。这个思维测试可以说明一个问题：我们眼睛看到的东西和我们思维认可的东西不一定正确。

通过"大象腿"测试可知，人的"认为"是不可靠的。因此我们在教育孩子时、夫妻进行沟通时、跟同事相处时，不要太相信自己的"认为"，这是所有冲突的原点。我从中总结出了"三为"，家长可对照着看一下自己的认为、行为、作为。

我们家长主观的"认为"往往能够影响和决定孩子一生的"行为"，两者互动相加减就是一个家庭真实的"作为"。这就是摁钉原理中所体现的"三为"公式：认为 ± 行为 = 作为。

"认为"，即我们对人或事的认识，以及做出的判断，也就是我们平时所"想的"，它呈现的是一个面。世上的"认为"因人而异，人人都活在自己的"认为"中。人的一生都在为自己的"意识"买单。

"行为"，是基于对事物的认识而采取的行动，也就是孩子平时所"做的"，呈现为线。不同的"认为"和"行为"习惯，便是冲突产生的"源头"。

"作为"，即行为的结果，也就是我们平时所"成的"事，家庭作为就体现在这个点上。

在生活中，我们都喜欢用自己的"认为"（感觉）来说

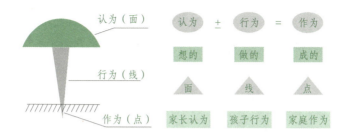

图 6.3　摁钉原理

孩子的问题。但我们与孩子的"认为"，往往是不同的，因为"认为"具有极大的不确定性，而每个人又都活在自己的"认为"中。其实，我们的一生都是在为自己的大脑工作。我们的大脑就是身体的首席执行官，它决定着我们人生的追求、成功、幸福等。

　　教育是一种通过互动关系产生效果的行为，教育的有效性要从了解自我入手，首先是了解自我的"认为"，这是一件非常重要的事。我们的认为往往是主观的、不可靠的。行为是事实，是真实发生的。如果我们能了解什么是"认为"（主观的感觉），什么是"行为"（客观发生），沟通中学会用行为说事，那么矛盾便会少很多。

　　每个人都有不同的"认为"，一个人就是一个世界或者一个国度，人人都生活在自己的"认为"当中。当不同的"认为"发生冲突时，就会发生争论或"战争"。世上有一种沟通方式很有效，那就是营销。如果我们用营销的态度来与家人沟通，把家人当作大客户、当作自己崇拜的人士，那我们的行为便能跟得上。

在真实的生活中，针对同一问题，家人的意见和选择往往会不一致。那么，此时如何让家庭和谐地运行呢？

这就需要家庭成员通过"家庭会议"来一同学习和进行有效沟通，找到家庭的"共同目标"。此外，还有很重要的一点就是，要有家人共同认可的"相处原则"作为"现代家规"。就像在开车时，红灯亮了你还开过去，那大家都会认为你违规了。这是因为"红灯停、绿灯行"的交通法规是大家已经达成共识的"公共规定"。

家一定要有达成共识的规则。

家有共识便有标准，从而能避免冲突，和谐相处。但你要注意，标准也是有"时空定位"的，比如在美国和中国开车都是左侧驾驶，而在英国和英联邦国家开车却是右侧驾驶。这是不同的规则，你争谁对谁错是没有意义的。

不同的地域、群体和习惯形成的不同家庭文化，有着不同的家庭规则标准。因此，在讨论家庭各自的"认为"时，一定先要有"环境定位"的前提概念，以及沟通行为中的"程序逻辑"技巧。

俗话说：国有国法，家有家规。生活在这个快速发展的时代，每天都有新事物产生，人们很容易因不守"传统的本分"和缺少"现代家规"而迷失方向。如果我们想使一个家庭或一个家族有所作为，那就必须在家人中施行一套行得通的"现代家规"，通过"家庭会议"的形式实现有效沟通，达成"家庭认为"的统一，为找到家人认同的"家庭目标"而共同努力。

但今天家庭的"现代家规"，不能是过去传统的简单传承。今天的家规，是受多媒体时代影响的、在多元文化背景下的行为实践，必须通过家人的共同参与、讨论与创新才能被现代家庭的几代人共同接受并发挥作用。

我们历时十多年，通过对全国上万个家庭进行研究和数据跟踪分析，总结出一套非常有效的非口语交流工具——"家庭公约"。这个工具能很好地帮助家长与孩子学会情绪管理和有效沟通，逐步有效地制定出现代家庭的"家规"。

→ 只有家长细心研究自己的孩子，找到孩子的特点，有针对性地进行正确管教，并且结合孩子的主观能动性，发挥孩子的特长，效果才会显著。

→ 让孩子服气和感动，为犯错而内疚，这样孩子就会暗下决心：不再犯同类错误，下次一定努力做到最好。孩子感动了便会自然而然地往你引领的方向上走。

→ 家长教育孩子就是要给予孩子有效帮助，因此需要精确的教育，需要可操作和反复练习的方法，这对孩子来说是一笔宝贵的人生财富。

→ 平时孩子做什么事情，家长常常会阻止，并说不能这样、不能那样。你不认可孩子，他没有成就感、不高兴，就会跟你对着干。

第七章

# 生活质量
# 决定学习质量

每个孩子都爱玩，玩是孩子天性和灵性的体现，玩得好的孩子学习也一定好，这其中的关键是家长的认知方向对，引导的方法正确。

# 爱学习、会学习、能学习

目前，从数量上说，中国孩子中"缺教育型"最多，"逆教育型"次之，"顺教育型"最少。你的孩子属于哪一种类型呢？

学习是人与生俱来的能力，是人的本质特征之一。然而，令很多家长头疼的居然是孩子不爱学习，不会学习，学习不好。

家长在孩子学习方面投入的时间、精力和金钱特别多，但收获却与之不成正比。许多家长困惑：我付出了，该做的也做了，但付出与收获成反比，孩子的学习就是上不去。

我常常反问家长："你总是说孩子学习不好，这是为什么呢？"

很多人的回答是：对学习没兴趣、不喜欢老师、太贪玩……我们从中可以看出，这些人没有全面地看待孩子的学习，在辅导孩子学习上思想很不成熟。

其实孩子学习好不好，取决于三个因素，即爱不爱学习、会不会学习和能不能学习。

为了便于理解，我用橄榄球原理来解释这三种类型，参看图7.1。目前，从数量上说，中国孩子中"缺教育型"最多，"逆教育型"次之，"顺教育型"最少。家长朋友们，你的孩子属于哪一种类型呢？

"缺教育型"孩子，处于麻木状态，学习对他们来说枯燥乏味。他们有学习能力，也爱学习，但不会主动学习，经常被动地学习。家长如果不盯紧，孩子就不知道学习，甚至连老师布置的作业也完不成。这种孩子的学习成绩是家长盯出来的。

"逆教育型"孩子，有学习能力，但不爱学习，也不会学习，容易产生厌学情绪，家长和孩子都很痛苦。家长往往一味地指责孩子学习不好，无形中给孩子很多压力，从而形成恶性循环。这种孩子的学习完全靠家长和老师的管理。

"顺教育型"孩子，有学习能力，爱学习，也会学习，充分享受着学习给他们带来的快乐和自信。这是学习的最佳状态。

我弟弟齐大庆，小时候就是一个"顺教育型"孩子。他从小就特别爱学习，主动性也强。我们一家人出去玩，他总是偷偷地带一本书，有机会便拿出来看一会儿。他学习成绩

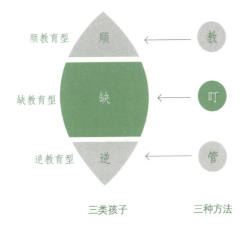

顺教育型　　　顺　　　←　　　教

缺教育型　　　缺　　　←　　　盯

逆教育型　　　逆　　　←　　　管

三类孩子　　　　　三种方法

图 7.1　橄榄球原理

一直名列前茅，以高分考上大学，之后又去美国留学，获得美国密歇根州立大学博士学位、夏威夷大学硕士学位，先后任香港中文大学教授、长江商学院副院长等。他可以算是一个"顺教育型"典范。在学习这一点上，我远不如他。

　　如果你的孩子目前不是"顺教育型"孩子，也不要灰心丧气，因为这不是一成不变的，家长完全可以帮助孩子逐步改变。家长可以针对自己孩子的类型，采用不同的方法，"顺教育型"孩子要"教"，"缺教育型"孩子要"盯"，"逆教育型"孩子要"管"。家长还要了解孩子的感受，真正地关心孩子，用公约方法教好孩子。

　　爱不爱学习，是态度问题。这包括学习动机、学习兴趣、学习目标等。爱学习的孩子，有动力，也有兴趣，学习对他来说是一件愉快的事。不爱学习的孩子，在学习中找不到任何乐趣，把学习当作一件非常痛苦的事情，久而久之，就会形成既不爱学习也不会学习、不能学习的恶性循环。

今天，大部分孩子的学习兴趣都在家长"要好好学习""认真写作业""上个好大学"等劝诫声中慢慢耗尽。空间是分隔的，人的情绪是连续性的。想让孩子有学习兴趣，家长首先要考虑自己怎么改变，进而找回孩子快要消失的学习兴趣。家长不能经常有"孩子学习不好"等负面口头禅，应该根据孩子的特点，找对时机给予适当的正向鼓励。家长可以跟孩子讲我们"家庭话剧"的新台词：

我的孩子学习"不错"，

我的孩子学习"还行"。（先用"肯定语"开场）

你的篮球"玩得"很好，

电脑游戏"打得"真棒。（对"具体优点"多表扬）

其实，你就是有点"偏科"（转个弯说缺点），

数学"不太理想"，

语文"还行"。（平缓描述薄弱项目）

只要你"努力"，"数学"成绩也会跟你玩电脑"游戏"一样棒棒的。（鼓励性语气。）

如果家长这样与孩子交流，那孩子的反应会大不相同。孩子会感到家长评价自己比较公正、全面。正面的鼓励和中肯的提醒会让孩子内心产生感动进而自省，感觉不好意思进

而自责，这样就会减少沟通中的冲突和伤害，使得家长少生气、孩子少遭罪。

我们在与伴侣、同事、领导沟通时，换用和蔼的语气、平等的态度，效果是最好的。在教育孩子时，也是如此。只要我们换种说法，效果肯定就不一样。另外，解决孩子不爱或不想学习这个问题，还需从改善亲子关系、进行互相约定入手。

会不会学习，是行为问题。这包括学习方法、学习技巧、学习习惯等。会学习的孩子，就算不爱学习，他也知道学习方法，能用最短的时间获得知识。不会学习的孩子，即使很用功，学习效果也不会好。只有满腔热情，没有方法地蛮干、瞎干，学习效率自然不高，久而久之，这类学生会对学习失去兴趣。家长应该帮助孩子找到最佳的学习方法，千万不能因为方法错误而影响孩子的学习兴趣。

比如刚上小学的孩子，经常会问家长某个字怎么写，多数家长会随口说出这个字怎么写，这样做家长和孩子都省力，但这种方法是不可取的。如果有一天你不在家，孩子碰到不会写的字怎么办呢？他可能会一直等你回来。

遇到这种问题，你应该鼓励孩子："宝贝，你不是会查字典吗？先查一查，再来告诉我怎么写，可以吗？"用这样的语气，孩子会欣然接受。以后不管你在不在家，孩子碰到不会写的字，都能通过字典自主学习。这样不但能省去你的许多时间，还能培养孩子自主学习知识的能力，而孩子通过主动学习也体会到了成功的喜悦，从而树立了自信心。

　　学习方法的好坏因人而异。家长需根据孩子的特点，帮助孩子通过实践和总结，找到适合孩子的学习方法，从而解决"会不会"这个问题。

　　能不能学习，是能力问题。这包括学习的注意力、记忆力和自制力等。一个孩子如果既爱学习，又会学习，学习能力也没问题，那他的学习就不成问题。有的孩子既爱学习，也会学习，但注意力不集中，那他的学习成绩肯定会受影响。

　　如果在孩子小时候专注地玩或学时，家长经常有意无意地打断孩子的持续思维，那将会缩短孩子神经系统的专注时间，使其无法集中精力做事。

　　许多家长缺乏正确的教育观念与方法，如让孩子边看电视边吃饭，边写作业边玩耍，与孩子交流时不专心等，这样，时间久了，孩子便会形成不专心的习惯，在学校听课也无法集中注意力，学习受到影响。

　　针对不同类型的孩子，家长应采用不同的引导方法。家长还应该多观察孩子的注意力、记忆力、自制力，还有自信心、想象力、创造力等，及时帮助孩子解决问题。

　　只要一个孩子爱学习、会学习、能学习，那么学习好就是水到渠成的事情。

# 让孩子与学习"结亲"

玩是孩子的天性，是孩子最喜欢的事情，如果家长经常把玩得正高兴的孩子硬拉到课桌上来，长此以往便会使孩子与学习结仇。

过年过节的时候，家里会有很多好吃的饭菜，但连着吃几顿之后你还能吃下去吗？会不会没有胃口了？

家长总是给孩子布置很多学习内容，这样就把孩子的学习胃口破坏了。

其实，孩子学习就跟吃饭一样，要让孩子有胃口。

很多家长反映，一提学习孩子就厌烦，不知如何是好。明明孩子刚才还好好的，但是一听到说要学习了，马上就厌烦起来，东拉西扯，就是不想学习。为什么许多孩子会出现厌学问题？这是因为家长从小没有给孩子打下喜欢学习的基础，处理孩子学习问题时方法不当。

假如我们正在约会，这时领导却要求我们马上回单位加班，试想一下，我们的心情会怎样？

然而我们却常常对孩子说："别玩了，快去学习！"我们的这句话不亚于领导的吩咐，给孩子的大脑输入了"放弃快乐的玩乐，去面对烦人的学习"的负面信息。玩是孩子的天性，是孩子最喜欢的事情，如果家长经常把玩得正高兴的孩子硬拉到课桌上来，长此以往便会使孩子与学习结仇。

人的大脑记忆及反应力的锻炼，是从小时候就开始的，不是从在学校学习功课时开始的。因此在孩子小的时候，家长对他的大脑输入"学习程序"时，要从引导他的生活行为规范开始，并保护好他的学习兴趣。

如果家长都用"玩"的说法来对待孩子的学习问题，可能会有良好的效果，比如，先玩玩电脑，再玩玩物理……都用"玩"字，让孩子的大脑一直处于接受状态。也可以反着说，比如当孩子玩游戏时，家长可以对孩子说："嗯，你游戏学得很不错。"家长要对孩子的"玩当学"加以肯定。让快乐与学习结合，同样可以促使孩子爱上学习。

在这个问题上，我的好朋友曾桂安老师有一个案例，我可以跟大家分享。他在马来西亚的一所中文学校当了几十年的校长，对孩子学习和玩的问题很有研究。他提倡让孩子多玩，在玩中学习。

有一次，一位家长在讲座中问曾老师："我们家孩子就爱玩，不爱学习，这是为什么？"

曾老师回答："那就是孩子没玩够呗！"

家长再问："他都玩了好长时间了！我让他学习，他还是想玩。"

曾老师说："那就还是没玩够！继续让他玩呗。"

其实，家长就是这样，总希望孩子能多学习，少玩。曾老师以他几十年的经验告诉家长，要让孩子与学习"结亲"，莫让孩子与学习"结仇"。

很多家长谈及孩子的学习，总有很多无奈。其实，我们可以借鉴一下犹太人的一些教育方法。

犹太人教育孩子非常有智慧，他们根据孩子的年龄采取不同的教育方法，其中最有趣的是一岁请"蜜书"，两岁请"博士"，三岁请"教父"。

什么是一岁请"蜜书"呢？这是犹太人在孩子一岁左右时给孩子的一种启蒙教育。他们会用一本书来对孩子进行潜移默化的影响，很多人都用祖传的书。比如给孩子拿玩具时，就把玩具放在书上，通过书把玩具递给孩子；送吃的东西时，也是通过书来传递；孩子安静时，家长就在一旁翻这本书，通过书的响声以及书的油墨味来刺激孩子的听觉和嗅觉，让孩子喜欢上书。当孩子在摇篮里时，书就已经在发挥作用了。孩子会爬之后，再在书上抹一点蜂蜜，放在孩子经常碰到的地方。此时的孩子大多都是通过眼、手、嘴巴等来感受世界，看到这个方方正正的东西，就想抓，用手一抓，黏黏糊糊的东西沾到手上。孩子一定会把这黏黏的东西放到嘴里尝，品尝后，发现竟然是甜的，肯定会喜欢，同时，也就对这个方方正正的家伙有了好感。这种方法的用意不言而喻：书本是甜的。

我在美国律师行工作时，上司就是这样做的。他给我看他家的祖传书，用一种彩色的布包着，非常漂亮。他每次看孩子，都带着这本书过去。孩子一见到这本书，就非常开心。因为在孩子的认知世界中，只要这本书一来，好事就都来了。

何为两岁请"博士"呢？孩子两岁的时候，犹太人会给孩子请"博士"。犹太人家中床头都会有一个书架，他们会利用书架给孩子树立尊重知识的意识。一般情况下，孩子两岁多的时候就会开始问问题。这时候，你怎么回答他呢？是不是想当然地就说出了答案？犹太人不是这样做的。孩子一问，他们会先重复孩子的问题，孩子一听，家长听懂了他的问题，就会非常高兴。接着家长说：爸爸（妈妈）要想一想。这是给孩子做示范。在学习的过程中经常跟孩子重复"想一想"，孩子就会自己动脑筋。然后再说：我们去请教书博士吧。

爸爸带孩子来到书房，在书架前对孩子说：你的问题爸爸要请教书博士了。孩子就想：爸爸这么厉害，什么都懂，他也会请教这些"博士"，尊重这些"博士"。爸爸从书架上拿下书来，像模像样地翻，再插上去，再找几本，重复几次，给孩子加深印象。最后拿出来一本书，把它放在孩子可以平视的位置上说：博士说了，你的问题是……答案是……

你听懂了吗？你再给爸爸重复一遍。当孩子复述出来的时候，他实际上把学习知识的过程又过了一遍。经常这样做，孩子看到书架上的书之后，就会产生一种敬畏感。

此后，孩子会经常跑到书架那儿，自己拿出一本书来看。哪怕手里拿的书是倒着的，他也会用自己的语言"读"完，然后再放回去。然后再拿出一本，再"读"一遍。这样，孩子会对书有一种天然的亲近感。同样，我们也要从孩子小的时候，就给他建立起这种心理和生理反应，这才是最保险的学习。

三岁请"教父"又是怎么回事呢？孩子三岁的时候，犹太人会给孩子请一个博学多才的叔叔做"教父"。这种做法类似于中国认干爸、干妈的风俗习惯。孩子与父母每天都见面，太熟悉了，遇到不方便请父母解释的问题，孩子就请"教父"来帮助解决，从而教父就会在孩子心中留下神秘感、权威感。以后遇到问题时，孩子也会想到请"教父"帮忙。

不少人都说，犹太人比其他任何种族的人都聪明。这其中最主要的一个原因就是，他们非常重视整个民族的知识教育。

每一个犹太家庭的孩子，几乎都要被问一个问题："假如有一天，你的房子被烧毁，你的所有财产被抢光，你将带着什么东西逃命呢？"

如果孩子回答说是钱或者钻石或者食物，那家长将进一步问："一种没有形状、没有颜色、没有气味的宝贝，你知道是什么吗？"

当孩子无法回答时，家长就会说："孩子，你要带走的不是钱，也不是钻石，更不是食物，而是智慧。因为智慧是任何人都抢不走的，你只要活着，智慧就会伴随你的一生。"

家长要让孩子与学习结亲，而不是结仇，多给予孩子正面的、积极的引导。学习不单纯指学校的功课，玩耍与社交也是重要的学习内容。

在做游戏、玩玩具、做手工、参加竞赛及做家务等活动中，家长应该鼓励孩子大胆尝试，给予适当引导，让孩子通过一定的努力品尝到胜利的喜悦，从而爱上学习。比如，当孩子跃跃欲试想帮家长洗碗时，家长不要嫌麻烦，也不要怕打碎碗而拒绝孩子，不妨为孩子搬个高度合适的板凳，给他系上围裙、戴上套袖，告诉他怎样轻拿轻放，怎样冲洗干净。当孩子洗好一只碗时，家长要肯定孩子的劳动。如此孩子一定会非常开心，并对自己的能力充满信心。

# 生活是孩子的第一学习内容

---

生活质量对学习品质的塑造和形成起着决定性的作用。因此，孩子的生活质量决定其学习质量。


生活是孩子的第一学习内容。

家长不要只盯着孩子的"知识学习"，而应先让孩子进行"生活学习"，让孩子及早具有"自己玩好，与人处好"的能力。

每个孩子都爱玩，玩是孩子天性和灵性的体现，玩得好的孩子学习也一定好，这其中的关键是家长的认知方向对，引导的方法正确。

孩子早期通过玩的生活体验来建立大脑程序，然后反馈到知识学习上，生活质量对学习品质的塑造和形成起着决定性的作用。因此，孩子的生活质量决定其学习质量。

首先，孩子一定要拥有健康的体魄。身体是革命的本钱，是做一切事情的基础。其次，孩子要懂事理、讲道德、有责任心。如果孩子品性不好，走到哪里都不受欢迎，那将会影响孩子的一生。

我们经常给孩子讲道理，要好好学习，要努力上进……但孩子皮不疼、肉不痒，神经也没有紧迫感，一会儿看看这儿，一会儿看看那儿……孩子还常常与家长对峙，那我们的教育能起作用吗？

古人云：物以稀为贵。当孩子对什么事情感兴趣时，就是教育的最好时机，此时把孩子需要的东西给他，让他把玩、钻研，让他玩精、玩透。我们可以先从生理入手，从孩子的体力和意志力上掌握孩子的节奏。

我辅导过北京的一个男孩，他现在已经是大三的学生了。四年前辅导他时，他正好读高三。他妈妈对我说："齐教授，您帮我解决一下我孩子的问题吧。他已经是个大小伙子了，什么事都懂，而且很孝顺，也想学习好，就是没意志力。"

这个孩子也说："叔叔，我什么都懂，就是使不上劲儿。"

我问孩子："你想不想让叔叔帮你？如果我帮你，你会信任我吗？"

他说："妈妈说您很厉害，我当然信任您。"

我说："那按我的方法做你愿意吗？"

他点头说："愿意，当然愿意。"

我说："如果愿意，那你就写下来，白纸黑字。一旦你不愿意的时候，我们就拿这个白纸黑字出来，免得你赖账。"于是，我们拿纸把刚说的话写了下来。

我说："我不希望你说什么，只希望你做什么。我们只做一件事，每天早上六点钟起床，六点十分出门，出去跑步，二十分钟，六点三十分跑完回家。执行每一项时给我发条短信：起床了——到操场了——跑完了。你能做到吗？"

他说："能，叔叔，这么简单啊！"

我说："只管修行，莫问前程。做就行了！"

我让这个孩子跑步，是让他从体力、意志力开始进行锻炼。但我怕他做不到或者撒谎，就找了社区三个晨练的"老同志"做监督员来监看他跑没跑。

第一天，孩子起来晚了，六点二十分才给我发短信。我让他少跑了十分钟。

第二天早上，孩子给我发短信：到操场了。

我打电话过去："你到操场了，在哪儿呢？干吗呢？"

他说："跑步呢。"

我说："撒谎！你在看台上坐着呢吧？"

他说："啊！您在哪儿，怎么会知道？"

我说："我在家。你看见操场上那些爷爷奶奶了吗？群众的眼睛是雪亮的！这些爷爷奶奶帮我监督你，这么多眼睛还看不到你在哪儿？赶快下去跑，跑快一点。"

他说："是，是……"

第七章 生活质量决定学习质量

此时孩子认为操场上的每一双眼睛都在盯着他。成人肯定比孩子更有智慧，要想教育孩子，我们就要"编剧本"，首先是创造好环境。

我们要做到"事前有约定，事中有提醒，事后有总结"。一周之后做总结时，孩子很紧张。我一项一项检查我有没有错——也可能是我的错，我先确定一下。

他说："没错。"

我说："那好，现在问你有没有错，你这一周是什么情况，做到没做到？"

他立马点头说："是，我错了！"

我说："你错了几次？对了几次？大部分时间还不错，应该说你这一周付出了努力，很不容易，克服了赖床的习惯，但还是没有达到目标，那按照我们的约定，你要接受我的惩罚。"

他说："您怎么惩罚我呢？"

我给他算了一个分数，让他看。我说："这个分数是不及格分数，你是高三的学生，说话算数，最起码要做到吧？"

他说："是。"

我说："你要是觉得不舒服，认为不需要我管你了，那我就不管你了，我还能少一个负担。"

他说："齐叔叔，您来管我吧！您那几招还是挺有用的。"

我说："那好，只要能达到咱们预定的目标，接下来我用什么方法教育你，你都能接受是不是？"

他点头："是。"

我说："那写下来吧。"

教孩子学做人，第一要看有没有错误，如果有错误，我们带孩子一起总结，辨别是家长的错还是孩子的错；第二承诺有没有做到，我们让孩子重新检查一下自己的行为，是做到了还是没做到；第三需不需要外力帮助，让孩子明确自己的真实状况，看是否需要他人帮助，从而进一步引导孩子。这些方法都为我后面的教育做好了铺垫。过去师傅带徒弟，都是这么带的。现代社会缺乏教练，也没有师傅带徒弟等方法，大多是表面的教育，说的多是大道理，愿不愿做，做不做，没人管。要知道，没有严厉的管教，很多事情是没有结果的。

我又让他拿了一张纸，把目标写在纸上，然后放在地上。

我说："把两只手撑在这张纸的两边，做俯卧撑，二十个。"

他趴着的身体，扑通就瘫在地上了："啊……二十个？齐叔叔，上次我做的是十个，这次多一倍。十个已经到极限了。"

我说："今天就要你的极限，而且是极限的极限，你不过这一关，作为一个男孩子就一辈子没出息。你说了使用什么方法都行，你认了对不对？你看看，我这个手掌是很有力气的，小时候练过铁砂掌。"

他说："真的？"

于是，我拿起一个小木凳："没有开玩笑，我的手掌真的很有劲，我有三块肌肉，一般人没有，你先听听声音啊！"
我一打，他一哆嗦，这叫制造恐怖。

我说："是屁股先挨棍子呢，还是胳膊多用点劲呢？你今
天必须拿出吃奶的劲，不然我再也不管你了，管你也没有意
义，我为什么还管你啊？对不对？那么多孩子，我为何不教
别的孩子呢？我不是跟你开玩笑，这个棍子下去，我一定会
让你屁股坐不下来，这一周只能站着听课。"

我接着说："撑一次，念一次目标，'六点起床'……"
这样口述，将神经系统、肌肉系统、意念系统组成一个完整
的动作教育训练体系。这就是通过正确的重复动作训练孩
子，给孩子的大脑输入正确的原始程序，也就是一次管一生
的教育。

做到十三个时，他已经不行了，我的棍子就要往下打，
他吃奶的劲便来了。

我说："我相信你一定能完成这二十个，三段式歇歇气再
来。"最后他真的是鬼哭狼嚎地把后面的几个做完了，之后
就趴那儿了，浑身发颤，身上的肌肉都在抽搐。

我说："你很不错，像个男人，说话算数，今天你做到
了，我请你吃饭。"他的目标跟整个体能和毅力，还有大脑都
连接上了。后来在我的指导下，他考上了一所很好的大学。

# 家长的素质影响孩子的行为

家长素质决定了家庭气氛，家庭气氛
影响孩子的情绪，孩子的情绪表现在行
为上，行为习惯直接影响学习成绩。

 

 

虽然现在的孩子知识面很广，但大都缺乏道德意识和遵守行为规范的意识，这与家长平时的修养失当和自身榜样不良有很大关系。例如，孩子在家庭聚会时有不懂礼貌、吃饭大声吵闹、吃相不雅等不良行为，这都是由于家长不注意孩子儿时行为规范的环境概念培养等导致的。

史蒂芬·都伯纳在其著作《魔鬼经济学》中把与孩子成绩相关的诸多因素列了张表，进行了调查统计。结果发现，孩子成绩和家长素质呈高度正相关的关系。中国家庭文化与家长教育工程的浮桶原理生动形象地解释了这个现象。

通过图7.2我们可以很直观地看到，家长素质决定了家

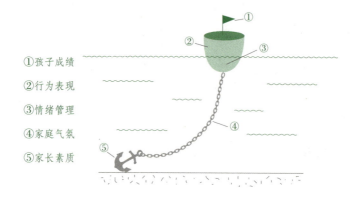

①孩子成绩

②行为表现

③情绪管理

④家庭气氛

⑤家长素质

生活质量决定学习质量

图 7.2　浮桶原理

庭气氛，家庭气氛影响孩子的情绪，孩子的情绪表现在行为上，行为习惯直接影响学习成绩。

　　家长应注重自身素质的提高，为孩子创造良好的家庭气氛，在生活上养成良好的习惯。孩子的生活环境得到改善，就自然会把好的行为迁移到学习中来。

　　孟子提倡"礼门义路"，这是家长教育孩子的根本。教孩子从小了解生活常识和社交礼仪，这是在对孩子进行重要的生活教育。

　　我们日常生活环境中有时会有不和谐的声音，比如家庭不和时夫妻会吵架拌嘴，家中的电视机音量太大，手机经常鸣响等，这些"环境噪声"都会干扰孩子的神经系统和心理反应。有些孩子存在多动、注意力不集中等问题，这都与生活环境影响有直接或间接的关系。

作为家长，我们可以为孩子营造良好的成长环境，把家庭气氛搞好。

第一，夫妻尽量不当着孩子的面吵架拌嘴，尽量减少带给孩子的负面影响。如果实在有一次没忍住，也无须太担忧，这是给孩子一个成长的机会。如此，孩子在以后的人生中跟同学、同事乃至领导相处，就会懂得宽容、忍让，以及怎样避免争端。

第二，在家中将手机调至静音或震动，接电话时，如果有不良情绪或不良内容，注意要回避，避免孩子效仿。通常我们没有这个意识，经常吃着饭，听到电话铃声，立刻就接电话了。这就打断了与孩子的交谈，进而扰乱了孩子的情绪，影响孩子的食欲。我们的一言一行，都在潜移默化地影响着孩子。要想让孩子有好的行为，我们就要以身作则。

第三，看电视时音量调低一点，别影响到孩子。如果我们电视的音量很大，在旁边屋子里学习的孩子可能会忍不住听电视中所讲的内容，就无法静下心来好好学习了。

第四，尽可能让孩子在三岁前少看电视，多看书。电视对孩子大脑的影响非常大。电视是动态的，书是静态的，如果孩子经常看电视，就会影响后期的注意力、学习力等。因此家长要有选择地让孩子看电视，并且要少看。

第五，对较小的孩子，采用DVD播放的方式，有目的地选择一些有意义、正向的动画片给他看。这样可以有效控制给孩子输入的内容与播放时间，并且能锻炼孩子的自制力。

第六，对中小学生，使用"家庭公约"与"班级公约"，让孩子自主选择电视或手机的播放内容，并事前约定好观看时间及奖惩条件，必要时只提醒便可。

# "双减"之后，家长要了解的关于学习的常识

一个孩子学习成绩不佳，主要是因为动力不足、情绪不好、方法不对。这也是家长最应该了解的关于学习的常识。

自从2021年国家"双减"政策出台后，很多家长就慌了神，悄悄来问我，国家政策会不会只是"走过场"，要是我们家减了，别人家没有减怎么办？初中考高中，有近一半的孩子考不上怎么办？

在此，我特别想讲两点关于学习的常识。

一是，为真实的生活而学习。我们的基础教育学科文史哲、数理化，帮助我们认识世界，奠定知识基础。你家的孩子能否在完成义务教育的基础上有更多的学习机会，是受很多因素影响的，其中有国家政策层面的、社会发展层面的，

还有孩子自身努力方面的，等等。但更重要的是，家长的观念应该跟上时代的变化。过去我们国家大力发展高等教育，有其具体的历史原因。而目前的一个事实就是，国家在继续发展高等教育的同时，正在加大对职业教育的资源投入。这是有关部门经过深思熟虑之后所做出的战略决策。而中国家庭历来重视学校教育，很多受过高等教育的家长，尤其是如千军万马过独木桥般闯过来的家长们，表示很难接受自己的子女没有机会上大学，更别提没有机会上普通高中了。这两年的一个热门词汇"内卷"，很多时候说的就是孩子在中小学阶段，乃至大学本科、硕博阶段的教育竞争，甚至还流行"海淀妈妈""顺义妈妈""鸡娃"等说法。家长们的心情不难理解，想方设法要帮助孩子在学业上取得更大的进步，这是值得鼓励的，但是现在社会状况有了新的变化，学习不仅仅指学校里的文史哲、数理化的学习，还包括我们应该重新认识的"为真实的生活而学习"。

我的小儿子三岁时，奶奶问他长大了想做什么，他脱口而出：当大厨。而奶奶却说"你要做科学家"，儿子还是坚持"做大厨"。我就好奇地问为什么。他说，好玩！原来，他这一阵子最喜欢玩的，就是用各种乐高玩具玩炒菜、做饭的游戏。当他持续有兴趣去学习的时候，学好只是时间问题。因此家长除了进行价值观层面的引导，还应当补上支持孩子"为真实生活而学习"这一课。我在本书其他部分，也讲到了人生成长中的五个台阶——如何做男孩女孩、男人女人、丈夫妻子、爸爸妈妈、爷爷奶奶，这都与"为真实的生活而学习"相关。

二是，家长要了解孩子学习成绩不佳的原因。

通过这么多年与孩子打交道，我发现：一个孩子学习成绩不佳，主要是因为动力不足、情绪不好、方法不对。这也是家长最应该了解的关于学习的常识。

现在的孩子生活条件优越，如果家长不加以合理引导，他们就会有这样的认知：学生阶段"都是你们要我学的"；长大以后"父母的，都是我的"。形成这样一种认知以后，孩子怎么会有动力？家长说的"都是为你好"，在他们看来就是纯粹的唠叨和释放焦虑情绪。反观上几代人，他们出于对物资匮乏的恐惧往往会产生奋斗的动力。可如果家长把自己成长年代的想法强加给孩子，就等于鸡同鸭讲。

我经常对做企业的朋友说，在企业里，好的情绪是资本，坏的情绪是成本。一个员工情绪不好，轻则磨洋工，重则出事故或导致公司客户流失，带来损失。这一点很好理解。有些在外面很能干的企业家、领导干部，在家里却转不过弯来。极端的例子就是夫妻二人长期冷战，甚至闹离婚，还口口声声说都爱孩子，离婚只是父母不适合在一起了，要分开过。这时，家长却对孩子说一定要好好学习。我们将心比心，换位思考，如果你是孩子，生活在这样的氛围中，能有轻松愉快甚至平静正常的情绪学习吗？据我所知，只有极个别的孩子能做到，大部分孩子都做不到。

　　我的一个朋友，领着上大三的孩子来找我，说高中以后与孩子的沟通就一直存在很多问题。孩子根本不愿意完成父母提出的赴美读研究生的计划，一说这个问题就炸锅。现在孩子在同一个城市上大学，平时住校，周末回家。相比高中时，距离并没有产生美，这不多的沟通机会反而使得交流越来越困难。我要求单独问孩子几个问题，之后很快就弄清楚了情况。原来，孩子不是不愿交流，而是跟父母的话题越来越少。父母总在吃饭的时候，追着问学习有没有进步、留学的事到底准备到了哪一步等让人感觉很有压力的事，而他已经二十多岁了，自己感兴趣的话题父母不愿讨论，久而久之，双方一聊就不欢而散。我的朋友又觉得很冤，平时见不到，好不容易见面了，一起吃饭抓紧聊这些，不是很正常吗？当说到赴美留学的计划，孩子告诉我，听他出国的同学说，那边很多地方还不如北京。正好我过去二十多年间在中美两地跑得比较多，一下子就能明白他要表达的意思。我说："他们肯定是告诉你，美国像个大农村，不好玩，对吗？"孩子倒也老实，说："是的。"我告诉他，去美国是为了开阔视野，要是说玩，今天中国绝大多数城市吃喝玩乐都很好，自然不用去美国。通过进行这种比较教育，孩子最终同意出国留学。

　　这位朋友与孩子之间的问题很典型，他们之间没有充分的沟通导致孩子动力不足，没有恰当的沟通进一步导致孩子情绪不佳。后来按照我的建议，这位朋友改变了方式，夫妻俩互相提醒，强忍住吃饭的时候不唠叨，并把孩子真正当作一个成年人来沟通。

　　大学阶段的孩子，有了自己的朋友圈和课余生活，尚且需要家长重视他们的学习动力和情绪，那么家长在面对还只是中小学生的孩子们的时候，更应该从这两点入手。

　　关于学习不好的原因，还有一个是方法不对。这里既有具体学科的方法问题，也有具体学科以外的方法问题。很多问题都是由家长造成的。针对孩子具体学科的方法问题，家长最好不要病急乱投医带着孩子到处补，应当与老师共同找原因、想办法，与孩子好好沟通，想出具体的改进方案。至于具体学科以外的方法问题，很多家长还没意识到。他们都想让孩子上更好的学校，有些好学校离家比较远，小学一二年级的孩子就要起大早，在父母的车上或公交、地铁上补觉。由于睡眠不足，等到上课时，孩子的学习状态自然不佳。

→ 家长可以针对自己孩子的类型，采用不同的方法，"顺教育型"孩子要"教"，"缺教育型"孩子要"盯"，"逆教育型"孩子要"管"。

→ 家长要让孩子与学习结亲，而不是结仇，多给予孩子正面的、积极的引导。学习不单纯指学校的功课，玩耍与社交也是重要的学习内容。

→ 家长不要只盯着孩子的"知识学习"，而应先让孩子进行"生活学习"，让孩子及早具有"自己玩好，与人处好"的能力。

→ 家长应注重自身素质的提高，为孩子创造良好的家庭气氛，在生活上养成良好的习惯。孩子的生活环境得到改善，就自然会把好的行为迁移到学习中来。

给 父 母 的 教 子 箴 言

第八章

# 爱是需要学习的

天下没有不是的父母，也没有不是的孩子。家长对孩子的爱是不容置疑的，但家长的爱能否被孩子接受且没有负担？"错爱"所产生的影响，可能会伴随孩子的一生。

# 溺爱是家长给孩子的最坏的礼物

父母对孩子的爱是出于一种本能，但这种爱往往是缺乏理性的爱。如果父母过多地迁就孩子，这种爱就会变成溺爱。

有一个十来岁的孩子，一次与同学在外面吃饭。吃到鸡蛋时，他说："这里的鸡蛋不好吃，和家里的不一样。"

同学问他："怎么不一样？"

他说："这鸡蛋太硬了！我们家的鸡蛋是白皮的，很软，拿着就能吃。"

原来，他父母一直把鸡蛋壳剥了才给他吃，他以为鸡蛋原本就是剥了皮的样子。

这个十来岁的孩子，之所以连蛋壳都不剥就把鸡蛋往嘴里塞，是因为家长太溺爱他，使得他不但不认识鸡蛋，还不懂得吃鸡蛋的方法。

也许有人会说这只是个特例，但放眼望去，生活中类似的事情不在少数。通过这个故事，我们明白了一个道理：家长的溺爱，让孩子在生活中失去了对事物本质的认识。"吃鸡蛋"错误只是一件小事，出丑的范围也只是在同学之间。如果孩子在其他重要事情上不辨是非，被父母的溺爱蒙蔽，并且一直把这种观点带到将来的工作中，那就不只是出丑的问题，还会影响个人的发展。

父母对孩子的爱是出于一种本能，但这种爱往往是缺乏理性的爱。如果父母过多地迁就孩子，这种爱就会变成溺爱。

溺爱，不是爱孩子，而是害孩子；溺爱，不是真正的爱，是家长给孩子最坏的礼物。孩子的天赋会在家长的溺爱中枯竭。

在现实生活中，大多数家长对孩子的爱，都带有溺爱和宠爱的印记。家长对孩子的爱，是不用置疑的。但可惜的是，许多家长的爱是盲目的，往往用真心换来的却是孩子的责怪。其实，根本原因还是家长爱孩子的方法有问题。

家长溺爱孩子会让孩子显得很无能，从而使得孩子难以独立和成长。当孩子稍微懂事的时候，他就会责怪家长，认为家长没有教给他本领，让他在小朋友面前丢脸。孩子责怪家长时，家长可曾想到自己过多地"爱"孩子，是否存在问题呢？

父母的溺爱，犹如清晨的大雾，很容易让孩子迷失方向，没有方向的孩子容易走上歧途；父母的溺爱，犹如陷阱，孩子掉进这个陷阱里，就会被剥夺改正错误的机会。因此，我们对孩子要"爱"而不是"溺"，把握好其中的分寸。

　　一个在中央电视台工作的学员，有一年"五一"想带孩子去英国旅游，问我："齐教授，儿子四岁半了，我们想带他去英国旅游，您觉得怎么样？"

　　我笑了笑说："你真听我的话吗？"

　　她说："当然听，不听我肯定不问您了。"

　　我说："你真听我的，那就不要带这么小的孩子出国。带孩子到农村去，看一看中国的河山，看一看中国贫困的地方，孩子才会知道自己生在福中，才会懂得感恩。

　　"之前很多家长会带着自己的孩子出国旅游。出去转了一圈，没人讲解，孩子看到的全是国外好的东西，回来之后抱怨自己的父母没能耐。

　　"我在美国待了多年，对这种心理历程知道得很清楚。为什么孩子会抱怨？因为没有人解释。这算是真正的教育吗？"

　　我又接着说："保姆天天帮着照顾孩子，你们要懂得感恩。她也是一位母亲，有一个女儿，自己的孩子不带，为了生活出来打工，来给你照顾孩子。好不容易有时间了一家人聚齐，不妨开车带着保姆回一次她的老家，给孩子认个干姐姐。让孩子亲近一下大自然，比出国要好得多。"

　　她回家跟丈夫商量，丈夫是个干部，很有觉悟："我赞成，咱们应该听齐教授的。"

我告诉她："要注意一点，你们一定要住保姆家，不要住宾馆。要让孩子体会一下普通农村人家的生活，讲究原汁原味……"

孩子来到乡村，见到了鸡、鸭、牛、羊、狗，非常兴奋。保姆的女儿成了"干姐姐"，整天带着他到处玩儿，他开心得不得了。

回来后这位学员给我打电话说："齐教授，真的非常感谢您，这次的行程对我们和孩子都是一次非常好的成长教育。我们体会到农村人的朴实、善良，孩子也接触了大自然，见到了不少新鲜事物，还结交了一个干姐姐……"

陪孩子出国游玩和去乡下体验生活都是对孩子的爱，但哪种爱对孩子的成长更有利，这就考验我们家长的认知水平了。

# 真正的爱，不应附加任何条件

*真爱，是无条件的爱，是让孩子不受*
*伤的爱，是让孩子自然成长，让孩子在每*
*一个年龄阶段都有特定年龄的色彩。*

现在很多孩子从上幼儿园，到小学、初中和高中，生活中很少有无拘无束的玩耍、开朗的笑声和自由的时间。他们上课时间，在课堂；放学时间，在做作业；周末或放假时间，去上各种兴趣班……

不少家长会口口声声说这些都是爱孩子的表现，是为了孩子好。我相信每一位家长都是爱孩子的，但真正分析起来，很多却不是真爱。不少家长会拿自己的孩子和别人家的孩子作比较，为了面子让孩子装大方，还让孩子帮自己圆梦……家长让孩子学习的背后，其实隐藏着太多的自私与功利，只是家长不自觉，抑或不敢正视和面对而已。

当孩子成绩不好或犯了一点错误时，我们通常会严厉地批评："你怎么搞的？这么笨。看看邻居家的××，比你强多了……"我们想通过比较的方法，让孩子发愤图强，奋起直追，但结果如何？往往适得其反，可能会导致孩子破罐子破摔。

我们来换位思考一下，假如你的丈夫拿你和其他女人比较："你看看人家××的妻子，上得厅堂，下得厨房；你看看人家××的妻子多么会穿衣打扮；你看看人家××的妻子多么贤惠……你就不能向她们学习学习吗？"听到这样的话，你会向××的妻子学习，努力去做一个更好的妻子吗？我觉得不会。相反，你听到这样的话，可能还会反驳。由此可见，这种不顾及他人感受的爱不能算是真爱。

那什么样的爱才是真爱呢？真爱，是无条件的爱，是让孩子不受伤的爱，是让孩子自然成长，让孩子在每一个年龄阶段都有特定年龄的色彩。创造一个孩子是容易的，塑造一个孩子是不易的，孩子并非我们个人或家族的私有财产，他是一个社会的人，有自己独立的一生。

我大连的一个学员家庭比较富裕，丈夫在国企上班，妻子做生意，儿子正上小学三年级。这是一个非常令人羡慕的家庭，有房有车，家庭收入也非常高。可是，这一家人个个愁眉不展。

夫妻二人说："孩子用的东西，我们专挑贵的买。家里的玩具堆积成山，各种图书应有尽有，孩子的衣服也都是名牌的。可孩子就是不听话，学习不好，性格也不好，总是和我们对着干。"

后来，我单独和孩子相处时问："你告诉齐叔叔，你爸爸妈妈对你这么好，为什么你还总和他们对着干呢？"

我的话音刚落，孩子想都没想就说："他们给我买玩具，其实是为了他们有时间工作。买了那么多图书，好多都是我不爱看、不喜欢的。还经常一次买好几套衣服，光试衣服就把我给试晕了。这些衣服的颜色和样式，我都不喜欢，他们还非让我穿，真烦人！"

许多家长觉得自己很爱孩子，也不问孩子喜不喜欢，就按照自己的意愿给孩子买一大堆东西，并且不允许孩子有任何不愉快的表情，必须得非常高兴地接受。这种爱，对孩子来说，就是一种受伤的爱。

比起那些家庭经济条件差的孩子来说，这个孩子算是生在福窝里了。但孩子不喜欢跟玩具玩，而是想和父母一起玩，父母的陪伴才是他最好的玩具；父母不征求孩子意见买的图书，对孩子来说就是一种压力；不和孩子沟通，不征求孩子的意见，买再多的衣服对孩子来说都是多余的。

现在很多父母因忙于工作，往往忽略了自己的家长身份，只充当了赞助商的角色，从赞助商的角度，为孩子提供物质保障，却没有尽到家长的陪伴责任。

俗话说，业及天下不及妻贤子孝，长袖善舞不及教子有方。

许多父母常对孩子说："宝贝，我非常爱你！这次考试你只要考第一，我就一定带你去游乐园。"这两句话，乍一听好像没有问题，似乎说的是两个问题：第一是家长爱孩子；第二是孩子考第一，就带他去游乐园。但给孩子的感觉是：我要想去游乐园，就必须考第一，是有附加条件的。而无条件的爱，是不附加任何条件的爱。

家长给予孩子的不受伤的真爱需具备三个条件：一是孩子要乐意接受，不是家长强迫才接受；二是孩子接受后，心里没有负担；三是孩子接受后会感动。

作为家长，有责任给孩子提供无条件、无伤害的真爱。家长是大树，应该给孩子提供阴凉；家长是雨伞，应该给孩子遮风挡雨；家长是炉火，应该给予孩子温暖。这是天经地义的，也是世界上任何动物都具有的一种本能。

如果一份爱能被孩子接受且没有负担，那才是真爱。

# 别让"错爱"毁了孩子的一生

有效果比有道理更重要。爱是需要学
习的，爱是需要方法和智慧的，这也正是
作为家长要学习的。

天下没有不是的父母，也没有不是的孩子。

家长对孩子的爱是不容置疑的，但家长的爱能否被孩子
接受且没有负担？

"错爱"所产生的影响，可能会伴随孩子的一生。

家长往往只注重给孩子讲道理，却忽略了想要达到的
效果。

有效果比有道理更重要。爱是需要学习的，爱是需要方
法和智慧的，这也正是作为家长要学习的。

孩子每天都在成长，每天都会遇到许多具体的实际问
题。家长要帮助孩子正确成长，就必须有科学方法，而唯一

的方法便是做中学，但现实生活中往往缺乏具体、正确、可操作的方法。

在大连的一次培训中，一个孩子告诉了我他爸爸生气摔书的事情。

孩子说："我爸帮我辅导数学题的时候，我反驳说他讲得不对。我爸非常生气，后来就不给我讲了，还把书摔到桌子上，把我吓了一跳。"

我问家长："这位爸爸，刚才你儿子讲到你生气时就摔书，你为什么要摔书啊？"

家长："摔书也是对他的爱，所以我才摔的书。"

我说："噢，摔书也是爱。在我看来，应该说孩子是体会不到你这份爱的，因为他看到的只是你的满腔怒火，包括摔书的声音，分贝会非常高，是吧？"

家长："是这样的。"

我说："那你为什么要摔书呢？是不是可以说这是气急败坏，有没有那么点味道？"

家长："人有的时候也会愤怒到极点。"

我说："也就是说，你帮孩子复习功课，给孩子讲题，孩子还不认真，不买账。是不是感觉非常没有价值，或者说你感觉特别无奈，才摔的书？"

家长："对，对，对！"

我说："好。有勇气承认就好。我相信你的那份爱是真的。"

这是一个非常典型的家长。我们经常会看到有很多家长非常爱孩子，也非常愿意付出，但家长爱的方法以及行为能否被孩子接受却是个问题。不接受时双方便会用各种情绪化的形式表现出来。

家长的摔书行为在孩子的大脑记忆中产生了心理负担，以后一旦有这种气氛和状态出现时，孩子大脑中的程序便会一直等着家长的情绪发作出来。正如一位相声演员说的，他听到楼上掉下了一只鞋，到半夜还在等第二只鞋的响声。第二只鞋子没掉下来，他就心烦意乱地睡不着。其实，这是我们人类大脑的一种正常反应。

家长做出摔书动作后再去教育孩子，孩子的"神"已不在学习上，而在家长的态度和行为上。如果这种事情经常发生，尤其是孩子从小就看到家长愤怒的脸色、听到愤怒的声音，大脑中就会留下深刻的烙印，也就是心理负担，这种负担有时一生都不会消除。我用摁钉原理来解释这种烙印对孩子的终生影响。

在日常生活中，我们有时需要往木板上钉钉子，家长伤害孩子一次，就等于在孩子的"大脑木板"上钉下一颗"负面记忆钉"。有些家长后来醒悟了，认识到自己的问题，想去"拔钉子"，补偿孩子；或者孩子长大成人后，感受到了家长的不易，从理性的角度谅解了家长。但其实，家长努力弥补也好，孩子主动原谅也罢，即使"钉子"拔出来了，那个"钉眼"也还是存在的。这种"钉眼"带来的伤害是一生都不会变的。了解了这个原理后，家长就要从小给孩子输入正面记忆，不要给孩子输入负面记忆。

我们都是爱孩子的，都不希望跟孩子有冲突，都知道这样不好，但问题是我们每一位家长都是人，不是神，我们都有源于家族固有的自我性格、情绪、观念和习惯等。那我们该怎么办？

好孩子是需要好家长来引导的，好家长应是有能力引导孩子走向成熟的成人。但是，许多家长缺乏这种能力，社会上又缺乏身边的指导专家和沟通平台，目前最好的解决方法是预先学习，早做准备。补救的措施是边学习边修正自己。

修正行为、控制情绪不是一件容易的事，有可操作的提醒工具才会事半功倍。例如，苦胆就是越王勾践的提醒工具。我们可以从身边寻找"共同了解原理，相互提醒行为"的伙伴，运用"家庭公约"一起学习，互相提醒。我们的家庭教育之所以失效，就是因为只讲理念式的大道理，缺乏可操作的提醒工具。

摔书的家长对孩子进行教育的结果是什么？如果这位家长在辅导孩子时能保持克制，在自己情绪不好时回避和缓冲一下，过一会儿再继续做的话，也许孩子就能学会了。这样才能达到辅导功课的目的，孩子才能有所收获。

家长帮助孩子的"行为"没做到位，自己就先情绪化了，因此他就谈不上有所"作为"了。如果他能把自己的"认为"放下，跟孩子在"行为"上形成契合的话，我想这位家长就会有很好的"作为"。

请记住教育的行为原则：

行为要为目的服务。

有效果比有道理更重要。

你的"作为"永远要比"认为"更重要。

# 爱是为了理性地分离

————

> 爱，就是为了分离。分离，是为了独
> 立。爱和分离同等重要。没有爱，孩子不
> 能长大；没有分离，孩子不能成人。

"爱"和"分离"，是人类两个永恒的话题。世上许多的爱都是为了相聚，而唯有父母的爱是为了分离。

世界上有两个最重视家庭教育的国家——中国和以色列。以色列的家庭教育奉行狮子育儿法：母狮子让小狮子离开独自学会生存；中国的家庭教育则走向两个极端：要么棒喝，要么娇宠。

英国著名心理学家西尔维亚认为：这个世界上，所有的爱都以聚合为最终目的，只有一种爱以分离为目的，那就是父母对孩子的爱。父母真正成功的爱，就是让孩子尽早作为一个独立的个体从自己的生命中分离出去。

美国心理学家斯考特·派克曾说过：父母只有主动与孩子分离，才能促进孩子的成长，并让他最终成为一个有独立人格的人。因此，父母对孩子的爱，应该是一种以分离为目的的爱。

有个男孩子，高中毕业没考上大学，整天待在家里看电视。之后的两年，他不但不帮父母干农活，还好吃懒做，整天游手好闲，惹是生非，让父母非常着急。父母问他对将来有什么打算，他说自己现在过得挺好，过一天算一天呗！

终于有一天，父亲对这个孩子发火了，要求他独自到外面去闯一闯。孩子到附近的几个地方试着去打工了。但几次打工，他都是狼狈而归，每次回来都被父亲骂得很厉害，没住几天就又被逼着出去找工作了。这位父亲明白，孩子已经成长到了人生的第三个十年，家长需要放手，让孩子自己选择、自己成长。

有一次，这个男孩到一家砖厂打工。砖厂全是体力活，经常需要加班加点为客户赶活，卸车、装车一干就是几个小时。没过几天，他手上就起了好几个水泡，再次回家了。

他希望得到父母的同情，但父亲见到他就骂道："你太无能了。我们已经把你养大了，你该去哪儿就去哪儿吧！"

父亲的话，深深地刺痛了他。第二天天还没亮，他就背着包出门了。他在心中暗暗发誓：我再也不回这个家了。

他来到一座城市，用六年时间挣了一大笔钱，既买了房，也买了车，还娶了一位漂亮的妻子。妻子怀孕以后，由于工作忙，他无法照顾妻子，就到中介公司去找保姆。在找保姆的时候，他遇到了一位同乡。他下意识地打听家中的情况，这位老乡告诉他：这家有一个孩子在外打工，男主人在五年前得癌症去世了，现在女主人孤苦伶仃一个人过日子，听说生活很艰苦。

听到老乡这么一说，一切他都明白了。他再也忍不住，眼泪夺眶而出。他像发了疯一样，买上车票，连夜赶回老家。

原来，他的父亲在六年前被诊断为癌症晚期。父母都知道这个结果，但他们隐瞒了实情。他们最担心的不是癌症，而是不能独立的孩子。为了孩子能独立，父亲选择用最残酷的方法把他赶出家门，而这一赶，最终成全了他。

如果家长不懂分离的"爱"，那最终受害的就是孩子。动物都知道到了一定的年龄要把孩子从自己身边赶走，让孩子独立生存。在这一点上，很多动物都比人类做得好。

家长的爱是为了让孩子离开，而且是健康地离开。爱是为了让孩子独立，孩子总归要有自己的生活。

作为孩子，不管多么爱父母，终究都要离开父母，去组建新的家庭，寻找自己的幸福。作为父母，不管多么爱儿女，他们终究也要离开。爱必然难以割舍，但势必要割舍。

爱，就是为了分离。分离，是为了独立。爱和分离同等重要。

没有爱，孩子不能长大；没有分离，孩子不能成人。

# 少说教，多关照

照顾不等于关心，照顾是本分，呈现的是人的生理层面；关心是需求，体现在人的心理方面。许多家长能做到的仅仅是照顾，而孩子需要的却是关照。

我们经常会说："请多多关照！"这是成人的客套话。那么究竟什么是关照呢？

日常生活中，妻子是否对丈夫说过："我给你生孩子、带孩子，给你洗衣服、做饭，照顾你……你怎么每天还没个好脸色？"

丈夫是否对妻子说过："我在外面累死累活，辛苦挣钱，你怎么每天还那么多唠叨？"

妈妈是否对孩子说过："我伺候你吃，伺候你穿，给你买最好的东西，你怎么学习还这么差呢？"

爸爸是否对孩子说过："我和你妈每天这么辛苦，给你挣钱，给你好吃好喝的，为了什么？不就是为了你能有出息吗？"

　　我接待过很多来访的家庭，妈妈们总是有很多牢骚。等她们讲完了以后，我问她们想要什么，她们通常会说不知道，其实她们只是在进行情绪宣泄。我告诉她们，她们说的这些叫作照顾，这是本分，是应该做的。

　　照顾是做父母最基本的职责，这些说教行为不能称之为关照。家长要真正关照孩子，就应该关注孩子内心的感受，了解孩子真正需要什么，心里在想什么。

　　我们认真对待生活中每天实际发生的事情，这就是在关照。关照是一个复合词，而关心和照顾是两码事。家长要照顾孩子的生活，这是照顾；又要帮助孩子解决内心的困惑，这是关心。只有两者都做到了，才是关照。

　　从图8.1"关照的定义"中可以看出：照顾不等于关心，照顾是本分，呈现的是人的生理层面；关心是需求，体现在人的心理方面。许多家长能做到的仅仅是照顾，而孩子需要的却是关照。

　　生活的本源可以归为两部分，一部分为照顾，另一部分为关心，相当于太极的两仪。照顾是生活的一部分，多数家长"照顾"做得非常好，但往往忽略了最重要的"关心"。

　　关心，主要体现在知道孩子心里在想什么，烦恼是什么。我们能帮助孩子解决吗？不能解决我们能不去烦他吗？

关心　关照　照顾

请多关照家人

关心 ≠ 照顾

关照 ＝ 关心 ＋ 照顾 ＝ 圆满
　　　（心理）（生理）（幸福）

图 8.1　关照的定义

通过多年的教育工作，我总结出了一套简单的操作方法：

第一，不怨人。家长总是有很多牢骚，从现在开始最好不要发牢骚。发牢骚不但没有用还会带来伤害，没有任何意义。

第二，找好处。家长换一个角度去发现孩子的优点，而不能满眼看到的都是孩子的缺点。

第三，认不是。任何人都不可能十全十美，家长也有自己的缺点，有时言语或行为会给孩子造成比较大的伤害，这时就需要家长认个不是，说声对不起。

第四，提希望。为了家庭的和谐，我们需提出一个家人都能接受的共同希望，并为实现这个希望而努力。语言只是叶子，行动才是果实。

第五，找对手。孩子每天都在成长，需要对手，因为对手会伴随孩子一路成长，直到孩子登上最高的山峰。

家长如果能将上面的方法真正落实到生活中，那么教育孩子的问题便会由复杂变简单，但最关键的是家长一定要守信誉、定规则。

如果我们既能照顾好孩子，又能真正关心孩子，达到关照的高度，那就算是真正合格的家长了。

→ 家长给予孩子的不受伤的真爱需具备三个条件：一是孩子要乐意接受，不是家长强迫才接受；二是孩子接受后，心里没有负担；三是孩子接受后会感动。

→ 父母只有主动与孩子分离，才能促进孩子的成长，并让他最终成为一个有独立人格的人。因此，父母对孩子的爱，应该是一种以分离为目的的爱。

→ 如果我们既能照顾好孩子，又能真正关心孩子，达到关照的高度，那就算是真正合格的家长了。

给 父 母 的 教 子 箴 言

图书在版编目（CIP）数据

一次管一生的教育／齐大辉著. 一成都：天地出
版社，2022.10
ISBN 978-7-5455-7142-4

Ⅰ. ①一… Ⅱ. ①齐… Ⅲ. ①家庭教育 Ⅳ. ①G78

中国版本图书馆CIP数据核字（2022）第102025号

YI CI GUAN YISHENG DE JIAOYU
一次管一生的教育

出 品 人　杨　政
作 　 者　齐大辉
责任编辑　张秋红
责任校对　杨金原
封面设计　今亮后声
内文排版　挺有文化
责任印制　王学锋

出版发行　天地出版社
　　　　　（成都市锦江区三色路238号　邮政编码：610023）
　　　　　（北京市方庄芳群园3区3号　邮政编码：100078）
网 　 址　http://www.tiandiph.com
电子邮箱　tianditg@163.com
经 　 销　新华文轩出版传媒股份有限公司

印 　 刷　天津融正印刷有限公司
版 　 次　2022年10月第1版
印 　 次　2022年10月第1次印刷
开 　 本　880mm×1230mm 1/32
印 　 张　7.75
字 　 数　210千字
定 　 价　59.80元
书 　 号　ISBN 978-7-5455-7142-4